CONTES

A MON PETIT-FILS.

TOME II.

PARIS, IMPRIMERIE DE COSSON,
Rue Saint-Germain des-Prés, n° 9.

AU PORTE-MÊCHE SE DISENT TOUT BAS LES DEUX AMIS.

CONTES
A MON PETIT-FILS,

PAR PIGAULT-LEBRUN.

TOME SECOND.

PARIS,

G.-E. BARBA FILS, ÉDITEUR,

PROPRIÉTAIRE DES OEUVRES DE PIGAULT-LEBRUN ET DE PAUL DE KOCK,

RUE DE SEINE, N° 33, F. B. S.-G.

1831.

CONTES

A MON PETIT-FILS.

Edmond est corrigé.

Ceux-ci entrèrent le lendemain au collége de Henri IV. Ils tinrent tout ce qu'ils s'étaient promis. Travail assidu aux heures d'études, et gaieté folle pendant les récréations : rien n'est plus juste. Henri s'empara de son ami Edmond; il s'attacha à lui, comme l'avait fait Robert. On ne peut exiger la perfection de personne, moins encore des écoliers. Ceux-ci se faisaient souvent de ces niches, qui n'ont rien de sérieux. Edmond était souvent tenté de les imiter. Henri le devinait. Il ne perdait pas de temps à pérorer. Il se contentait de dire : La banderolle du tambour-major. Si Edmond répliquait, il ajoutait : « Une espiéglerie » conduit à une faute légère, qui en » amène une plus grave, et, sans s'en » douter, on arrive à la caserne de » Saint-Denis ou ailleurs. Travaillons et » jouons. »

La famille Du Perron s'était liée avec celle de Henri. A toutes les quinzaines on se rassemblait, tantôt chez les uns, tantôt chez les autres. Robert était enchanté de la conduite de son ami ; il estimait celui qui ne lui donnait que de bons conseils. Il les conjurait tous deux de persévérer.

Tout allait bien. Edmond et Henri étaient toujours à la tête de leur classe. L'indisposition de Robert, et le défaut de livres l'avaient un peu retardé; mais dès qu'il lui fut permis de s'occuper, il renouvela des efforts que le succès avait toujours couronnés. Il monta à la première place, et n'en descendit plus.

Vint la distribution des prix. Il enleva tous les premiers de la seconde. Edmond et Henri se partagèrent ceux de la sixième. Quelle maman manque à cette solemnité, quand elle espère que son fils sera couronné? Quelle joie, quand l'enfant auquel elle s'intéresse est appelé! Elle cherche à se contraindre, dans la crainte de paraître ridicule; de douces larmes, les larmes du plaisir la trahissent, malgré elle. Ridicule! Une bonne mère peut-elle jamais l'être? Quelques idiots ricanent, et croient faire les connaisseurs, les importans. Ils ne s'aperçoivent pas que ceux qui les remarquent lèvent les épaules.

Jouissez, mesdames Robert, Du Perron et Henri. Soyez fières de vos enfans ; laissez-vous aller aux douces impressions de la nature, et dédaignez ces êtres stupidement froids, qui ne peuvent vous comprendre.

Robert fut proclamé rhétoricien au milieu des applaudissemens. Henri et Edmond furent aussi favorablement traités du public, lorsqu'on annonça qu'ils montaient en cinquième.

Le reste de la journée s'écoula dans cette joie mutuelle que les bons cœurs savent apprécier, qu'ils appellent sans cesse, et qui semble n'exister que pour eux.

Henri, le sage Henri n'était cependant pas sans défaut. Chacun a les siens, je l'ai dit, et l'homme le plus estimable est celui qui les combat de manière à leur ôter ce qu'ils ont de dangereux. Henri aimait le jeu, et il était presque impossible qu'il ne communiquât pas ce goût à son ami, comme il lui avait inspiré son amour pour le travail et son éloignement pour toute étourderie d'éclat. La passion du jeu se développa en eux avec d'autant plus de force qu'elle ne présentait aucun danger apparent. Ils jouaient pendant les récréations, et toujours avec des écoliers plus grands qu'eux, parce que ceux-là avaient plus d'argent que les petits ; mais aussi ils étaient plus adroits.

On ne mettait pas au jeu; on jouait sur parole, et le surveillant ne pouvait se douter de rien. Mais Henri répétait tous les jours à Edmond que la parole d'un honnête homme doit être sacré ; un honnête homme de douze ans ! N'importe, on aime à voir se développer, dans des enfans, le germe d'une rigoureuse probité.

Edmond et Henri, payaient en cachette ce qu'ils avaient perdu, et ils perdaient presque tous les jours. Un joueur qui perd a, nécessairement, plus ou moins d'humeur, et le travail se ressentait de cette triste impression : on est peu à ce qu'on fait, quand on est agité par des sensations récentes et pénibles. Ces deux élèves descendirent bientôt au centre de leur classe, et ils eussent été relégués aux dernières places, s'ils eussent pu continuer de jouer. Mais ils n'avaient plus d'argent ; ils devaient à eux deux cent sous qu'ils ne pouvaient payer avant la première réunion des trois familles, et ils étaient réduits à manger leur pain sec depuis dix jours, lorsque le dimanche si souhaité arriva. Ils se regardaient tristement, en mâchonnant leur croûton, et ils semblaient s'accuser mutuellement.

« Ecoute, dit enfin Henri, c'est ma
» faute, c'est ma très-grande faute : c'est
» moi qui t'ai inspiré ce penchant des-
» tructeur qui nous ruine, qui nous
» soumet à une diète qui rend nos re-
» grets plus cuisans, et qui influe si tris-
» tement sur nos études. Aux félicita-
» tions honorables dont nous avons été
» comblés à la distribution des prix, a
» succédé l'indifférence de nos maîtres,
» et bientôt nous serons en but à leur sé-
» vérité. — Mon cher Henri, tu parles
» comme un docteur.—Je ne m'en tien-
» drai pas là. Je t'ai engagé dans une
» fausse route; nous en sortirons ensem-
» ble. Nous nous sommes dit plusieurs

» fois que la parole d'un honnête homme
» est sacrée; donnons-nous, franchement
» et loyalement, la nôtre de ne plus jouer
» d'argent. Les plus courtes folies sont
» toujours les moins nuisibles. » Ils prononcèrent leur serment avec une satisfaction récipropue.

Mais ils devaient cent sous à quelques camarades. La modique pension que leurs parens leur faisaient chaque semaine devait, le lundi suivant, servir à les acquitter. Il fallait se résigner à déjeuner et à goûter encore avec du pain sec pendant quinze jours. Cette réflexion était pénible. « Au moins, s'écria Ed-
» mond, rien ne nous agitera plus, et
» nous porterons à l'étude cette tranquil-
» lité de l'esprit, sans laquelle on ne
» peut rien faire de bien. »

Mais le dimanche suivant ils étaient quelquefois rêveurs, et même soucieux;

il fallait se dépouiller le lendemain de l'argent qu'ils allaient recevoir : ils l'avaient promis, et ils étaient loin de penser à violer leur promesse. Rien n'échappait à Robert. Il prit son cher Edmond à part, et lui tira facilement le secret de sa situation. « Mon père a long-temps
» mangé du pain sec, et souvent il était
» moisi. On m'en donne d'excellent au
» collége, et je m'en contente; ainsi je
» n'ai pas besoin d'argent. J'ai amassé six
» francs; prends-les, et crois que je m'es-
» time heureux de pouvoir, si facilement,
» tirer mon ami d'embarras. » En finissant de parler, Robert glisse son petit trésor dans la main de son ami. Edmond ne peut consentir à dépouiller le bon, l'excellent Robert. Il recule sa main, et les six francs tombent sur le parquet.

Rien de plus simple que de l'argent qui tombe et qu'on relève. Aussi les papas et les mamans ne donnèrent pas la moindre attention à cet incident; mais Edmond crut qu'il avait été remarqué, et il ne balança pas à s'accuser hautement. « J'ai ajouté, dit-il, au sentiment » de ma faute, le regret cuisant d'avoir » affligé celui dont mes erreurs n'ont pu » affaiblir l'amitié. »

Henri prend la parole. Il se proclame la première cause de l'inconduite d'Edmond; mais il ajoute, ce qui était vrai, qu'il l'avait ramené à la plus ferme résolution de ne plus jouer. Monsieur et madame Du Perron, monsieur et madame Henri, sont agités de sensations opposées. L'inconduite de leurs enfans les afflige, et leur sincérité les désarme. Ils hésitent; ils ne savent à quelle idée s'arrêter. Le colonel, que rien n'étonne, que rien n'effraie, ramasse les six francs, et les remet à son fils. « Loin de les em-

» ployer à payer les sottises de deux
» mauvais sujets, garde-les pour faire une
» bonne action, si l'occasion s'en pré-
» sente. Corbleu ! Messieurs, si le gou-
» vernement impie, qui veut démoraliser
» le peuple, qui lui ouvre des maisons
» de jeu et des bureaux de loterie, si ce
» gouvernement vous connaissait, il vous
» ferait une pension pour vous aider à
» jouer et à corrompre vos camarades,
» avant qu'ils aient atteint l'âge des pas-
» sions.—Mais, colonel, dit madame Du
» Perron, d'un ton timide et les yeux
» baissés, ces enfans avouent leur faute,
» et ils s'en repentent.—Hé ! madame, le
» malfaiteur, qu'on traîne au supplice,
» se repent aussi.—Ses aveux, son re-
» pentir sont l'effet de la conviction.—Ces
» enfans ont tout déclaré, lorsque aucun
» soupçon ne planait sur eux. — Fort
» bien, madame, fort bien. Détruisez

» l'effet des paroles salutaires que je leur
» ai adressées. Enfans, aimez, respectez
» vos mères ; mais défiez-vous de leur
» excessive indulgence : elle vous per-
» dra tôt ou tard. »

M. Du Perron se hâta de donner une autre direction à un entretien qui pouvait s'échauffer trop. Déjà on s'occupait beaucoup de politique, et le colonel était très-attentif, lorsqu'on en parlait. Il avait sur le cœur sa destitution, et même la forte pension de retraite qu'on lui avait donnée pour le réduire au silence.

« Le gouvernement, dit-il, marche à
» sa perte, et ne s'en doute pas. Qu'est-
» ce que c'est que cette loi sur le droit
» d'aînesse, si ce n'est le dessein de jeter
» la division dans les familles ? Comment
» les cadets ne haïraient-ils pas des aînés
» qui les dépouilleraient de biens que le
» droit naturel les appelle à partager

»avec eux? *Divisez pour régner*, disait
»je ne sais plus quelle reine.

» Cette loi, dérisoirement appelée d'*a-
»mour*, et cette loi sur le sacrilége, lors-
»que personne n'en commet en France;
» et cette charte, dont le maintien a été
»juré à Reims, et que chaque jour on
»déchire feuille par feuille!..... Oui, le
»gouvernement marche à grands pas
»vers le despotisme; mais l'armée le se-
»condera-t-elle? Toute la question est là.

» Les sous-officiers n'ont plus d'avan-
»cement, et ils vivent sans cesse avec les
»soldats. Leur mécontentement se com-
»muniquera de proche en proche, et
»tous les colonels marquis ne préviendront pas une insurrection, si elle doit
»avoir lieu. Que restera-t-il alors au gou-
»vernement? quelques corps privilégiés,
»qui se battront pour défendre leurs
»priviléges. Mais la nation indignée se

» lèvera, et deux mille, quatre mille of-
» ficiers disgraciés, mis à la retraite, pa-
» raîtront tout à coup, se mettront à la
» tête des combattans, et les conduiront
» à la victoire. »

Cette conversation n'avait rien d'at-
trayant pour des femmes et des enfans.
Une troupe de santeurs, précédée d'un
orgue de Barbarie, s'arrêta sous les fe-
nêtres de M. Du Perron, et tout le monde
courut aux croisées.

Le père tournait la manivelle de l'orgue; la mère et trois enfans faisaient
leurs exercices sur un tapis crasseux,
et s'efforçaient d'inspirer de la pitié aux
spectateurs. Le colonel, toujours prêt à
attaquer le gouvernement, demandait
pourquoi il n'existait pas de maisons où
les enfans, abandonnés à la charité publique, apprendraient un métier honnête et lucratif. « Ceux-ci s'élèveront

» dans la fainéantise, et mendieront
» quand ils auront perdu la flexibilité de
» leurs reins. Qu'importe cela à l'auto-
» rité perverse, qui vient de faire mas-
» sacrer, sans nécessité, vingt ou trente
» hommes dans la rue Saint-Denis? La
» poire mûrit; elle tombera; je vous le
» prédis. Au reste, empêchons ces mal-
» heureux de mourir de faim aujour-
» d'hui. »

Le jeune Robert leur jette une pièce de vingt sous, et son père lui frappe sur l'épaule en signe d'approbation. Edmond et Henri n'ont rien; mais les mamans leur glissent une pincée de monnaie blanche. « Combien donnerons-
» nous? demanda Edmond à Henri. —
» Vingt sous, comme Robert : donner
» plus serait l'humilier. »

Le père, la mère et les enfans les comblèrent de bénédictions. « Ces petits êtres

» sont déjà pervertis, dit le colonel. A
» deux cents pas d'ici, ils en diront au-
» tant pour deux sous. N'importe, vous
» avez fait le bien; que votre conscience
» vous le rende. »

A leur rentrée au collége Henri et Edmond trouvèrent chacun dix francs dans leur poche. Il payèrent leurs dettes le soir même. Ils dormirent du sommeil du juste, et le lendemain, à déjeuner, ils couvrirent leur pain de raisiné. Ils s'étaient solennellement promis de ne plus jouer d'argent, et ils s'excitèrent réciproquement à tenir leur serment. La balle, la corde, le volant remplacèrent des jeux dangereux; la franche gaieté succéda à de poignantes inquiétudes. L'étude rentra dans tous ses droits; en quelques semaines, ces enfans remontèrent à de bonnes places, et le sourire reparut, à leur aspect, sur les lèvres de ces maîtres, dont les regards n'exprimaient, un mois auparavant, qu'un mécontentement trop fondé.

Le professeur de rhétorique, au collége de Louis-le-Grand, avait trouvé un moyen ingénieux de pénétrer les dispositions de ses élèves. Parlait-il de poésie? il ouvrait Racine; il lisait une de ces tirades où le charme, la pureté du style, l'harmonie soutenue du vers étaient unis à l'énergie de la pensée. Il promenait autour de lui un œil scrutateur, et toujours il remarquait Robert, le teint animé, la bouche ouverte et retenant son haleine, de peur de perdre un mot. Le professeur conclut de ces observations que Robert serait un grand poëte.

Etait-il question de l'éloquence de la chaire? le professeur prenait Bossuet ou Massillon, et il concluait encore de l'attention soutenue de Robert, d'une espèce d'enthousiasme concentré, qu'un jour il serait un grand orateur. Il se trompa complètement.

Robert faisait des vers, tout-à-fait selon les règles; mais dépourvus de goût et surtout d'imagination. On lui donna un jour un discours à faire sur l'influence du Saint-Esprit. Robert écrivit comme un jeune homme qui ne peut s'élever à la hauteur de son sujet, et quand on traite de ce qu'on ne connaît pas bien, on est incertain dans sa marche, obscur dans ses expressions. Robert sentait qu'il faisait mal; il sentait aussi qu'il ne pouvait faire mieux.

Le professeur ne se rebuta point. Il connaissait assez son disciple pour être persuadé qu'il était appelé à exceller dans un genre quelconque. Il donna une amplification à faire sur ce texte : *la morale est l'unique base de l'ordre public.*

Oh! ici Robert fut à son aise. Garçon honnête par principes et par habitude, il saisit rapidement la beauté et l'étendue de son sujet. La réflexion le lui produisit sous toutes les faces qu'on peut embrasser à treize ans. Il fit un ouvrage, où les moyens qu'il put employer étaient appuyés par une force de raisonnement, qui porta le professeur à décider que Robert était né pour la géométrie. Heureux les enfans dont les maîtres s'étudient à pénétrer ce qu'ils doivent être un jour, et qui dirigent leurs études vers le but où les appelle la nature.

Celui-ci se fit un plaisir d'enseigner à Robert, pendant quelques momens des récréations, l'arithmétique, trop négligée dans les colléges. Il le fit ensuite passer à l'algèbre, et de ce moment, l'élève commença à jouir. Il fut complètement heureux, quand il put résoudre, avec quelque facilité, des problèmes qui lui découvraient une vérité nouvelle, et toujours incontestable.

La jeunesse est enthousiaste. Robert prétendit bientôt que les mathématiques, où tout est prouvé, sont la seule science utile, et par conséquent la seule qu'on dût enseigner aux enfans. L'exagération traîne toujours, après elle, de graves inconvéniens. On préparait Robert à faire sa première communion, et il raisonnait avec son confesseur. Il rejetait tout ce qui n'était pas mathématiquement prouvé. Le confesseur se fâcha. Cependant il ne pouvait faire punir Robert sans révéler la confession. Mais il confia à deux jésuites, sans nommer personne, la position difficile dans laquelle il se trouvait. Les jésuites, à force d'intrigues, étaient parvenus à un degré de puissance, qu'ils couvraient du voile de la modestie. Le gouvernement leur était soumis; ils le poussaient sans cesse au bigotisme, qui n'est pas la religion; ils attiraient sur lui le mépris, qui devait fonder la puissance suprême à laquelle ils aspiraient. Ils attendaient l'occasion de jeter le masque, et de se déclarer les appuis du trône. Ils se perdirent avec lui.

Le confesseur ne pouvait lutter de finesse avec des jésuites; ceux-ci l'amenèrent, sans qu'il s'en doutât, à nommer Robert, et ils voulurent avoir une conférence avec lui.

Cet enfant les étonna ; ils formèrent le projet de l'attirer à eux. Dès lors, ils conseillèrent au chef de la maison de suspendre sa première communion, jusqu'à ce que la grâce l'eût éclairé. Une décision jésuitique était une loi qu'on ne publiait pas, mais à laquelle se soumettaient les membres d'une congrégation, dont les racines étaient répandues sur toute la France. On laissa Robert tranquille; mais les deux jésuites s'emparaient peu à peu de son esprit; ils attendaient, avec la patience à laquelle ils doivent ce qu'ils sont, le moment de l'admettre dans la société, et, plus tard, de lui révéler les secrets de l'ordre. Rien de tout cela ne devait arriver.

Henri et Edmond n'étaient pas mathématiciens. Ils avaient fait leur première communion avec simplicité, avec ferveur, et tout le monde était content d'eux. La religion dans laquelle nous ont élevés nos pères, doit être respectable pour nous, et elle est vraie, lorsqu'elle inspire la vertu. Enfans, soumettez-vous-y.

Les récréations devinrent utiles à Edmond et à Henri. Leur bonne fortune

leur envoya un surveillant de leurs plaisirs, homme instruit, qui aimait les enfans, qui se plaisait à causer avec eux, et à donner de l'extension à leurs idées. Il disait un jour à Edmond : « Vous ve-
» nez de lancer votre balle contre celle
» de Henri. Pourquoi cette seconde balle
» a-t-elle acquis du mouvement ? — Hé !
» Monsieur, c'est parce que la mienne
» lui en a communiqué. — C'est fort
» bien ; mais pourquoi la vôtre s'est-elle
» arrêtée après cette communication ?
» — Monsieur, je n'en sais rien. — Hé
» bien ! je vais vous le dire. Toute force
» est bornée, selon la cause qui l'a pro-
» duite. Votre bras, débile encore, a
» donné à votre balle un mouvement de
» moitié plus faible que celui que je lui
» aurais imprimé. Si j'avais lancé votre
» balle, elle eût fait rouler celle de Henri
» plus loin ; mais elle se fût aussi arrêtée, à

» une plus grande distance, à la vérité.
» Voilà l'unique cause de ces effets, qui ne
» diffèrent qu'en apparence ; votre balle
» a perdu la force qu'elle a imprimée à
» celle de Henri.

» Un boulet de canon, qui ne rencon-
» tre pas d'obstacles, vole, jusqu'à ce
» que la force, qui lui a été communi-
» quée par la poudre, soit épuisée. S'il
» est arrêté par quelque objet solide, il le
» brise, il le renverse, il en jette les
» éclats au loin ; mais il tombe au pied
» des ruines, qui attestent et sa force
» première, et son épuisement actuel.

» Le volant que pousse votre raquette
» n'en reçoit qu'une force proportion-
» née à la faiblesse de l'instrument qui
» la lui communique. Aussi, il tombe
» aux pieds de celui avec qui vous jouez,
» s'il n'a l'adresse de le relever et de vous
» le renvoyer.

» Ainsi, tout mouvement imprimé par
» l'homme, qui est fini, doit finir comme
» lui, à des époques plus ou moins rap-
» prochées. Cette roue, si solidement
» construite, et que l'eau fait tourner,
» met en mouvement une meule, qui
» pèse plusieurs milliers. Après quelques
» années, la meule s'arrête tout à coup.
» Cela vient de ce que la roue, qui la
» forçait à tourner, vient d'être brisée
» par le courant de l'eau, qui, dès le
» moment de sa construction, n'a cessé
» de travailler à la détruire. »

Un autre jour, il leur disait : « Quand
» croyez-vous que parte la flèche que
» vous allez décocher de votre arc ? —
» Mais... elle partira au moment où je
» lâcherai la corde. — Pas du tout. Elle
» ne sera lancée que lorsque la corde
» aura repris sa position première. —
» Bah ! — Voyez, examinez. — Hé ! mais

» c'est très-vrai. Quelle est la cause de
» ce phénomène ? — La voici. L'exer-
» cice de toute espèce de force a besoin
» d'un point d'appui. Votre corde ne
» peut exercer sa vibration, c'est-à-dire
» la force de tremblement que vous lui
» avez communiquée, et qui pousse la
» flèche, que lorsqu'elle s'appuie sur les
» deux extrémités du cerceau qui forme
» votre arc.

» Hier, vous vous disputiez la corde
» avec laquelle vous vous exercez à sau-
» ter; vous tiriez chacun de votre côté,
» et la corde s'est rompue. — Hélas!
» oui; mais nous en achèterons deux;
» alors nous ne nous disputerons plus.
» Tenez, Monsieur, en voilà les mor-
» ceaux; ils ne peuvent plus servir à
» rien. — Pourquoi cette corde s'est-
» elle brisée à cet endroit-là? — Oh!
» nous ne nous en doutons pas. — Un

»fil de soie, de grosseur parfaitement
» égale dans toute sa longueur, soutien-
» drait un poids immense sans pouvoir
» se rompre, parce qu'il n'y aurait au-
» cune raison pour qu'il rompît à un
» point plutôt qu'à un autre. C'est ainsi
» que les nerfs d'un homme vigoureux
» résistent à des efforts inouïs; mais, s'il
» dépendait de lui de les pousser plus
» loin, ses nerfs se rompraient, parce
» que si l'homme ne fait rien que de fini,
» la nature ne fait rien d'égal. Un côté
» de votre corps est plus gros que l'au-
» tre; vous reconnaîtrez cette vérité en
» vous chaussant, et votre imagination
» ne s'exerce pas toujours avec un avan-
» tage soutenu.

» Résumons, en quatre mots, ce que
» je viens de vous dire. Votre corde
» était filée inégalement, et elle a cassé
» à l'endroit le plus faible. »

Edmond et Henri étaient avides d'apprendre, et le maître savait piquer leur curiosité. Dès qu'il paraissait disposé à parler, ils quittaient leurs jeux, et venaient se ranger auprès de lui.

« Pourquoi, leur demandait-il, cette
» petite boule d'ivoire que vous laissez
» tomber sur ce morceau de fer, qui
» vient de se détacher de la pompe, re-
» bondit-elle, et comment rebondit-
» elle? — Monsieur, nous ne le savons
» pas. — Tout corps est plus ou moins
» élastique. — Élastique! que signifie ce
» mot? — L'élasticité est la propriété
» qu'ont certaines portions de matière
» de s'étendre et de se resserrer. Lorsque
» votre bille frappe le fer, elle s'aplatit,
» ainsi que l'objet sur lequel elle tombe.
» L'un et l'autre reprennent aussitôt leur
» état habituel. En s'y rétablissant, le
» fer et la bille acquièrent une force

» d'impulsion qui fait bondir la partie
» la plus légère, selon que son élasticité
» a été plus ou moins mise en action. C'est
» ainsi qu'une cloche s'allonge, alternati-
» vement, à l'endroit frappé par le bat-
» tant, et se rétablit aussitôt dans son
» premier état; mais la vibration reste,
» et produit le son. Pour vous convaincre
» de cette vérité, montons au premier
» étage ce morceau de fer, qui vient de
» vous paraître immobile, et laissons-le
» tomber sur cette grande pierre, encla-
» vée dans le bas du mur. »

Le morceau de fer sauta en effet à quelques pieds de distance.

« Mais, Monsieur, cette pierre est
» donc aussi élastique ? — Bien, mon
» enfant, bien ; votre question prouve
» que vous m'avez compris. Oui, cette
» pierre et tous les corps durs sont élas-
» tiques. Ce qu'on appelle impropre-

» ment matière inerte, c'est-à-dire privée
» de vie et de mouvement, ne peut exister
» sur notre terre, où tout est vie et mou-
» vement. Mais la plupart des hommes,
» au lieu d'étudier la nature, s'en rap-
» portent à leurs yeux, qui les trompent
» très-souvent. — Les miens, Monsieur,
» ne me trompent jamais.

» — Voyons cela. Quand, pour la pre-
» mière fois, vous entrez le soir dans une
» longue avenue, la lune vous paraît assise
» sur la cime des arbres qui sont à l'au-
» tre extrémité de l'avenue. Vous avan-
» cez, et quand vous êtes au bout, vous
» retrouvez la lune à son élévation ordi-
» naire, et continuant son cours, soumis
» à des lois éternelles.

» Vous voyagez avec vos parens;
» vous distinguez dans l'éloignement
» une de ces tours qu'éleva autrefois le
» régime féodal, et d'où le seigneur do-

»minait ses vassaux. Cette tour vous pa-
»raît ronde, et elle est jugée telle par
»tous ceux qui la voient pour la première
»fois. Vous vous en approchez, et bien-
»tôt vous la voyez carrée, parce que les
»angles ou les coins, que l'éloignement
»ne vous permettait pas d'apercevoir,
»deviennent sensibles à la vue, par le
»seul effet du rapprochement. Ne pour-
»rait-on pas conclure de ces deux faits,
»que le plan que nous avons de la lune
»doit être fort inexact ? »

C'est ainsi que ce bon maître les préparait à l'étude de la physique et même
de l'astronomie.

Robert, de son côté, se livrait sans
réserve à l'étude des mathématiques. Il
négligeait sa rhétorique, à l'exception
cependant de la langue française et de
l'éloquence, qu'il jugeait devoir être
très-utiles dans toutes les positions de

la vie. Il ne se délassait qu'en se livrant à des jeux de calcul, qui rentraient dans l'objet essentiel de ses études actuelles. Le proviseur le grondait quelquefois; il lui répondait en lui montrant son travail de la semaine. Le proviseur répliquait que les mathématiques ne sont pas la rhétorique. Robert en convenait facilement; mais il ajoutait que la géométrie est la science par excellence, et qu'elle peut, au besoin, servir d'amusement. Il lui mit sous les yeux un calcul qu'il venait de terminer.

Il en résultait que six personnes peuvent s'arranger autour d'une table de sept cent vingt façons différentes; huit, de cinq mille quarante; neuf, de trois cent soixante-deux mille huit cent quatre vingts; et dix, de trois millions six cent vingt-huit mille huit cents manières, sans que la même figure soit jamais répétée.

Le proviseur n'avait ni le temps ni peut-être l'instruction nécessaire pour vérifier ce calcul, et il voulut bien en croire Robert sur sa parole.

Cependant les deux jésuites, dont la présence lui déplaisait, mais qu'il ne pouvait se dispenser d'accueillir, surtout depuis qu'un de ses confrères avait été destitué pour n'avoir pas pensé comme eux, les deux jésuites se présentèrent, et, pour abréger un entretien qui lui était à charge, il leur donna le dernier calcul de Robert à vérifier. Ils le trouvèrent parfaitement juste, et ils résolurent de prendre ce jeune homme étonnant à Mont-Rouge à la fin de l'année scolastique.

Elle approchait, et déjà on ne parlait que de la composition pour les grands prix. Le professeur de rhétorique représenta, dans un conseil académique,

que des sujets ordinaires étaient au dessous de l'intelligence qu'on devait supposer à des jeunes gens de quinze à dix-sept ans. Robert n'en avait pas encore quatorze; on connaissait l'affection que lui portait le professeur; mais la grande jeunesse de l'élève favori ne permettait pas de supposer qu'il fût l'objet des observations du maître. Après une assez longue discussion, il fut arrêté qu'on donnerait pour sujet du grand prix de rhétorique : *Des avantages qui doivent résulter de l'étude des sciences exactes*. Il était impossible de mieux servir Robert; aussi, il composa son discours sans se fatiguer : on fait toujours bien, quand on est maître de son sujet. Enfans, pénétrez-vous toujours de celui qu'on vous donnera à traiter.

Il obtint le grand prix, et il fut invité à lire le discours couronné. Madame Robert n'y comprit pas grand'chose, et elle était dans l'enchantement. Le colonel serra la main à sa femme, et lui dit à voix basse : « Notre fils a plus d'esprit que nous. » M. l'archevêque de Paris occupait la première place, non en raison de sa science, mais à cause de sa mitre. Un jésuite, placé derrière lui, lui annonça que l'enfant qui venait de lire était celui dont il lui avait parlé. Alors, Monseigneur donna les plus grandes marques de satisfaction, et quand Monseigneur applaudit, le clergé présent doit suivre son exemple. Un grand vicaire pria Robert de lui remettre son discours; il passa dans toutes les mains, et chacun admira tel passage, qu'il n'avait peut-être pas compris, et qu'en ce moment peut-être, il n'avait pas sous les yeux. Monseigneur déclara que ce discours serait imprimé à ses frais.

A ces mots, madame Robert manqua de tomber à la renverse. Son fils imprimé, et imprimé à quatorze ans! il y avait de quoi perdre la tête. La bonne dame ne se doutait pas que les projets des jésuites sur son fils venaient de s'appuyer de l'assentiment du haut clergé de Paris.

Le tour des écoliers de sixième vint enfin. Edmond obtint le premier prix de thème, l'espiègle Henri enleva celui de version : celui-ci appartient de droit à l'esprit. Mériter des prix au grand concours ! Les mamans et même les papas étaient dans un ravissement impossible à dépeindre ; ils se félicitaient, ils s'embrassaient, et, pour ne pas se quitter d'un instant, ils s'entassèrent tous dans le même fiacre, et allèrent descendre rue de Tournon.

On se doute bien que le lendemain il y eut une grande fête chez M. Du Perron.

L'assemblée était nombreuse, et cependant bien composée, ce qui arrive rarement. Henri et Edmond n'avaient aucune idée de la danse, et ils sautèrent à tort et à travers, dirigés par des danseuses de leur âge : les petites filles ont un tact merveilleux pour bien saisir les figures. Robert était trop fier pour entreprendre ce qu'il ne savait pas faire; il se garda bien de danser. Assis dans un coin du salon, il suivait de l'œil tous les mouvemens de cette jeunesse folâtre. A chaque instant, il saisissait un carré, un triangle, une ligne courbe, une ligne parallèle, et il jouissait autant que les danseurs.

On était entré en vacances. Le lendemain, Champagne prit le cabriolet, et alla prendre, aux deux colléges, les vêtemens et le linge, dont les trois élèves avaient besoin.

Il trouva à la porte de Louis-le-Grand un homme simplement, mais proprement vêtu.

« Monsieur Champagne... — Ah! vous
» savez mon nom! — J'ai été le deman-
» der hier matin à l'hôtel de la rue de
» Tournon. — C'est bien là, en effet. —
» — Vous êtes le domestique de confiance
» de M. Du Perron... — C'est encore
» vrai. — Je vous attends ici, depuis hier,
» dix heures du matin, la nuit exceptée
» cependant. — Hé! que voulez-vous faire
» de mon nom et de moi? — Vous prier
» de remettre cette lettre au jeune Ro-
» bert, qui va passer ses vacances chez
» votre maître. — Ah! parbleu, vous
» êtes bien bon. Que ne mettiez-vous
» votre lettre à la petite poste? — C'est
» qu'il faut que le jeune homme la reçoive
» sans témoins. — Diable! et de quelle
» part? — Il le saura en la lisant. Adieu,

« monsieur Champagne. — Adieu, monsieur je ne sais qui. »

« Cet homme-là, pensait Champagne, en rangeant ses paquets dans le cabriolet, cet homme-là a un air caffard qui me paraît drôle, et le mystère qu'il met à son message me donne des soupçons. Ma foi! je remettrai la lettre au colonel.

Lorsque Champagne rentra à l'hôtel, tout le monde était dans la cour à regarder le combat que livrait un petit caniche à un gros chien de garde. Le caniche tournait autour de lui, sans jamais lui présenter le devant, et il le mordait aux fesses, quand il le pouvait impunément. Le gros chien aboyait à faire trembler les vitres; il faisait des bonds effrayans. Les spectateurs s'attendaient, à chaque instant, à lui voir dévorer le caniche. L'intelligent petit animal passait sous son ventre, ou sautait par dessus lui, selon les circonstances, et se trouvait toujours par derrière. On n'osait les séparer de vive force, et un seau d'eau, jeté sur les combattans, n'avait produit aucun effet.

On présume bien que le caniche n'avait pas été l'aggresseur : le pot de terre n'attaque pas le pot de fer, dit La Fontaine. Le pauvre petit ne pensait à rien, lorsque le gros mâtin tomba d'un bond sur lui, lui déchira une oreille et manqua de lui casser les reins. « Voilà ce qui se » passe dans le monde, s'écria le colonel : » toujours les grands écrasent les petits. » Mais quand il vit la tournure que prenait le combat, il répéta cette fameuse épigraphe des anciennes Révolutions de Paris : *Les grands ne sont grands que parce que nous sommes à genoux. Levons-nous.* Et il ajouta : « Le petit animal, que grandit » son courage, sortira vainqueur de cette

» longue lutte. Avis aux oppresseurs du
» monde. »

Pendant que le colonel faisait de la politique et de la philosophie, son fils calculait les mouvemens des deux animaux, et il trouva que le plus faible faisait environ quatre sauts, pendant que son adversaire n'en faisait qu'un. « Edmond, dit-il, si ton maître de physique te demandait à quoi il faut attribuer cette différence, que lui répondrais-tu? — Que je n'en sais rien. — Je vais te le dire, mon ami. Dans les animaux, l'agilité diminue en proportion de leur plus grand volume. »

On se lasse de tout, et même de battre ses ennemis. Dans quelque position que nous soyons, le besoin du repos physique et moral se fait sentir enfin. Le caniche s'élança dans le vestibule, et s'alla coucher dans le cabinet de la femme de chambre. Le mâtin regagna sa niche, l'oreille basse et la queue entre les jambes.

On parlait encore de ce qu'on venait de voir, et chacun, en attendant le moment de se mettre à table, faisait des observations, continuait les réflexions du colonel, raisonnait ou déraisonnait, ainsi que cela arrive souvent, lorsque Champagne, empressé de remplir une mission qu'il jugeait très-mystérieuse, s'approcha du colonel, en prenant un air d'importance, et lui remit la lettre dont il était porteur.

« Oh! oh! dit le colonel, une image
» rouge et jaune au haut de la lettre! Hé
» parbleu! c'est un saint Ignace. Lisons.

« Vos talens vous rendent digne, notre cher frère, de donner les premiers principes de mathématiques à nos jeunes élèves de Mont-Rouge. Là, vous acquerrez la connaissance approfondie de notre sainte religion, que vous ne possédez pas encore. Vous rendre utile, en vous mettant dans la voie du salut éternel, c'est tout ce que peuvent faire de mieux pour vous deux amis, dont vous connaissez l'affection et le zèle.

» Nous avons besoin de nous entendre sur les détails. Dérobez-vous de la maison paternelle, demain à six heures du matin, le lendemain du jour où vous recevrez ce billet, et venez nous trouver au Luxembourg. Si votre père avait connaissance du rendez-vous, et qu'il vous défendît de vous y rendre, n'oubliez pas, notre très-cher frère, qu'il vaut mieux obéir à Dieu qu'aux hommes. »

« Qu'est-ce à dire? s'écria le colonel; » Dieu n'ordonne-t-il pas aux enfans » d'être soumis à leurs père et mère?— » Mais, reprit le jeune Robert, qui avait » été présent à la lecture de la lettre, il

» est beau, à mon âge, d'être professeur
» de mathématiques. » Il était clair que
les jésuites voulaient le séparer de ses
parens, à qui il était si fortement attaché, et sa vanité n'avait saisi que la première phrase de la lettre.

L'observation du jeune homme parut
flatter l'amour-propre du colonel. Mais
M. Henri le père, homme très-instruit,
était là. « Avez-vous oublié, dit-il au co-
» lonel, que ces gens-là ont fait enlever,
» il y a quelques années, une jeune per-
» sonne protestante, et l'ont enfermée
» dans une pension du faubourg Saint-
» Germain ? Son père l'a redemandée en
» vain à toutes les autorités compétentes.
» On n'a rendu la liberté à la demoiselle
» que lorsqu'on a été bien convaincu de
» sa haine pour la religion de son père
» et pour son père lui-même.

» — En effet, il me semble que ces

» drôles-là veulent emprisonner mon fils
» à Mont-Rouge. — Allez-vous à con-
» fesse, colonel? — J'y allais autrefois.
» — Et à la messe? — J'y allais aussi. —
» Et vous n'y allez plus. Ces gens-là savent
» tout ce qu'il leur importe de connaître.
» Si vous étiez de la congrégation, ils
» n'eussent pas tenté de faire parvenir
» clandestinement leur lettre à Robert.
» — Qu'est-ce que c'est que la congré-
» gation? — Je vais vous le dire. Mais il
» faut que je reprenne les choses de plus
» haut.

» La Société de Jésus.... — Qu'est-ce
» que c'est que cette Société? — Ce sont
» les jésuites. — Hé! que diable? il me
» semble que Jésus voulut naître entre
» un âne et un bœuf; qu'il vécut au mi-
» lieu des pauvres d'esprit pour qui il
» avait de l'affection, puisqu'il a dit :
» Bienheureux les pauvres d'esprit, car

» le royaume des cieux leur appartient;
» enfin notre Sauveur est mort entre
» deux larrons. A laquelle de ces trois
» sociétés veulent appartenir les jésuites?
» — Mon cher colonel, le pape s'intitule
» le serviteur des serviteurs de Dieu, et
» il est prince souverain d'une partie
» de l'Italie. Ses prédécesseurs ont excom-
» munié et déposé des empereurs et des
» rois. Les jésuites, sous une apparence
» d'humilité, visent à la puissance uni-
» verselle.

» Chassés successivement de tous les
» états catholiques, et de la France par
» Henri IV, qu'ils contraignirent à les
» rappeler, et par Louis XV, qui ne les
» craignait pas, ils ne quittèrent que
» leur habit, et ils intriguèrent partout.
» Enfin de nos jours, l'empereur de Rus-
» sie, Alexandre, les admit dans ses états.
» Mais bientôt leurs manœuvres dange-

» reuses le força à les expulser de son
» empire.

» Vous remarquerez, s'il vous plaît,
» qu'ils prêchent partout la soumission
» à l'autorité du pape, et qu'ils s'étaient
» réunis chez un prince hérétique, parce
» que tout ce qui peut favoriser leurs
» pernicieux desseins leur paraît bon et
» légitime. Je reviens.

» Ils reparurent en France avec la res-
» tauration, en petit nombre, humbles,
» soumis, en apparence, à l'autorité tem-
» porelle. La religion n'avait pas brillé
» d'un grand éclat, sous l'empire de Na-
» poléon. Deux rois, ses successeurs,
» imaginèrent que la rétablir dans toute
» sa splendeur c'était s'assurer l'appui du
» clergé et la docilité du peuple qu'il
» gouvernerait. Ils accueillirent les jé-
» suites, non pas ouvertement. L'autorité
» parut ne pas s'occuper d'eux ; mais elle

» les soutint, elle les soutient encore,
» sans oser les reconnaître publiquement.

» Forts du cagotisme ou de l'hypo-
» crisie des deux rois, ils marchèrent, à
» grands pas, vers une puissance à la-
» quelle il était d'autant plus difficile
» d'échapper que la grande majorité de
» la nation ne s'occupait pas d'eux. Par-
» tout ils tendirent des piéges, qu'ils
» couvraient de fleurs; le trait empoi-
» sonné était dessous.

» Bientôt, ils se firent de nombreux
» prosélytes, qu'ils affilièrent secrète-
» ment à leur Société; bientôt ils en ob-
» tinrent des donations qui leur permi-
» rent de multiplier leurs établissemens;
» bientôt leur adresse diabolique aug-
» menta leurs disciples au point qu'ils
» en eurent dans le haut clergé, et jusque
» sur les marches du trône; on assure
» que le roi régnant lui-même est un de

» leurs sujets; bientôt enfin, quelque
» mérite qu'on eût, on ne put obtenir
» une place sans être jésuite, de cœur
» au moins, ni éviter d'être destitué, si
» on ne persévérait dans sa soumission
» à la Société de Jésus; et voilà ce qu'on
» appelle la congrégation. — Hé! mais,
» mon cher Henri, c'est une race à étouf-
» fer. — Cela viendra peut-être. — Ainsi
» soit-il.

» — Il ne suffit pas d'accuser cette en-
» geance d'être pernicieuse et dangereuse,
» il faut examiner sa doctrine abomi-
» nable, et c'est ce que nous allons faire
» en peu de mots.

» Ignace de Loyola, espèce de fou,
» qui prenait le titre de chevalier de la
» sainte Vierge, fonda les jésuites en
» 1540, et, dix ans seulement après leur
» création, ils suscitèrent des troubles
» en Pologne. Ils n'ont pas cessé depuis

» d'en amener de plus ou moins graves
» partout où ils ont été reçus. On doit
» conclure de là que l'ambition est leur
» passion dominante.

» Il leur fallait un appui respectable
» et redouté : ils ne voulurent recon-
» naître d'autre chef que le pape. Ainsi
» cette milice forme partout une corpo-
» ration étrangère à l'autorité légale des
» différens gouvernemens, et par cela
» seul elle est dangereuse.

» Les jésuites ont un supérieur dans
» chacune de leurs maisons, qui corres-
» pond avec le chef établi dans chaque
» province, sous le nom de provincial.
» Ces provinciaux soumettent à leur su-
» périeur-général tout ce qui intéresse
» non-seulement l'existence, mais les
» progrès de la société auprès des puis-
» sances temporelles. Ce supérieur-gé-
» néral réside à Rome, et les papes,

» toujours portés à étendre leur auto-
» rité, emploient les jésuites comme auxi-
» liaires, et les favorisent de tout leur
» pouvoir.

» Dès l'an 1607, ils écrivirent et pu-
» blièrent que tout gouvernement qui
» n'est pas soumis au pape est illégi-
» time et doit être renversé; que le pape
» a le droit incontestable de déposer les
» souverains qui méconnaissent son au-
» torité; que, si l'excommunication ne
» suffit pas pour les réduire, Dieu per-
» met qu'on emploie contre eux le fer et
» le poison.

» Le dernier qui écrivit et propagea
» de telles doctrines fut un nommé Ma-
» lagrida, qui tenta de soulever le Por-
» tugal au 18e siècle. Tel était encore
» l'aveuglement des peuples, que le roi
» n'osa faire instruire le procès du cou-
» pable, sans en avoir obtenu la permis-

» sion du pape. La cour de Rome osa la
» lui refuser, et elle n'ignorait pas que les
» jésuites avaient été des ligueurs furieux,
» sous les règnes de Henri III et de
» Henri IV. Elle savait qu'ils étaient vio-
» lemment soupçonnés d'avoir été les
» instigateurs de l'assassinat de ces deux
» princes.

» Fort heureusement pour le roi de
» Portugal, Malagrida s'avisa de se faire
» prophète, et d'opérer des miracles. L'in-
» quisition donna au roi une satisfaction
» que le souverain pontife lui avait re-
» fusée. Malagrida fut brûlé vif, en 1761,
» comme sorcier.

» Les congréganistes répondent à ceux
» qui accusent les jésuites d'une immo-
» ralité révoltante, et qui traduisent leurs
» livres au tribunal de l'opinion publique,
» que les fautes de quelques membres
» d'une société ne doivent pas être im-

» putés à la société entière. Mais nous
» aussi nous connaissons les statuts de
» l'ordre, et nous savons qu'un jésuite
» ne peut faire imprimer un livre qu'avec
» l'approbation de son supérieur, de son
» provincial et du général lui-même.
» Ainsi la société adoptait les principes
» énoncés dans les ouvrages dont nous
» venons de parler.

» Ah! mon cher colonel, j'oubliais une
» circonstance très-importante dans ce
» moment-ci. En 1594, tous les curés de
» Paris dénoncèrent les jésuites comme
» tendant à corrompre la génération qui
» s'élevait, par la confession, et l'in-
» struction viciée des enfans.

» Faut-il que je vous rappelle ce qui
» s'est passé presque de nos jours ?
» Henri IV avait rendu, à Nantes, un
» édit qui favorisait les protestans. Un
» jésuite, confesseur de Louis XIV, s'em-

» para de son esprit, et lui fit révoquer
» cet édit. Cinquante mille familles sor-
» tirent de France, et portèrent dans les
» pays étrangers leurs capitaux et leur
» industrie. Plus tard, il persuada à ce
» monarque que tous ceux qui ne pen-
» saient pas comme lui, en matière de
» religion, devaient être exterminés. Ce
» prince envoya dans les Cévennes le
» maréchal de Villars et une armée. Les
» protestans se défendirent courageuse-
» ment, et Louis subit l'humiliation de
» traiter avec Cavalier, garçon boulanger,
» devenu, par sa valeur et sa bonne con-
» duite, le chef de ses co-religionnaires.

» Vous savez sans doute que, sous le
» règne de Louis XV, les jésuites étaient
» propriétaires et souverains du Para-
» guay, et qu'ils étaient au moment de
» bouleverser la France pour des bulles
» du pape, qui n'étaient que ridicules.

» Louis XV, fatigué de tout cela, chassa
» les jésuites, permis à eux d'aller régner
» au Paraguay.

» Ainsi, Robert, Edmond, Henri, tout
» bien examiné, défiez-vous, toute votre
» vie, du vin du crû, du gigot qui a
» bon goût, du derrière d'une charrette,
» du côté d'un porteur d'eau, et d'un
» jésuite de tous les côtés. »

La physique et la congrégation.

« Nous les fuirons, nous les fuirons,
» s'écrièrent Edmond et Henri ! Profes-
» seur de mathématiques, murmurait
» Robert entre ses dents, c'est pourtant
» beau ! Parbleu ! s'écria à son tour le
» colonel, ces jésuites sont de grands co-

» quins, et ils veulent enrôler mon fils
» sous leurs sales drapeaux! ils lui don-
» nent un rendez-vous secret, pour le
» séduire et le déterminer à les suivre
» dans leur repaire de Mont-Rouge! Ils
» ne l'auront pas : je veux faire de
» lui un honnête homme. Bravo, colo-
» nel, dit M. Henri. Bravo, dit M. Du
» Perron.

» — Mon fils demain, à six heures du
» matin, nous irons au Luxembourg.
» J'aurai mon bâton d'épine sous ma
» capote de bivouac; tu me montreras
» ces drôles-là, et je leur donnerai une
» leçon dont ils se souviendront long-
» temps.

» — Gardez-vous en bien, mon ami. On
» vous fera d'abord un procès. Pendant
» l'instruction votre fils perdra sa bourse.
» Votre pension de retraite est fort au-
» dessus du *maximum* de votre grade;

» on la réduira au *minimum* ; peut-être
» la supprimera-t-on en totalité. — Ils
» oseraient faire cela ! — Ils osent tout ;
» mais ils ne paraissent jamais. Des pré-
» lats, des ministres qui appartiennent
» à la congrégation seront poussés en
» avant, et vous serez frappé des deux
» coups, au moment où vous vous y at-
» tendrez le moins.—Diable ! diable ! que
» faut-il donc que je fasse ?

» Ne point aller au rendez-vous, ré-
» pondit M. Henri, et cacher votre fils à
» tous les yeux, ajouta M. Du Perron.
» — Cacher mon fils, le cacher par la
» crainte de quelques prestolets, qui
» déshonorent la religion ! ne viendra-t-il
» pas quelque bonne révolution, qui
» nous délivre de toute cette clique-là !

» Point de déclamations, dit M. Henri.
» Voyons ce que nous pourrons faire de
» mieux dans cette circonstance.

» Les deux jésuites ne doutent pas
» que Champagne, à qui leur émissaire
» a confié la lettre, ne l'ait remise exac-
» tement, n'importe à qui de cette mai-
» son. Ne voyant pas, demain matin,
» Robert au Luxembourg, ils ajourne-
» ront l'exécution de leur projet jusqu'à
» la rentrée des classes. Alors, ils manœu-
» vreront auprès du proviseur, et nous
» jetteront sans cesse dans de nouveaux
» embarras.

» Robert a fait d'excellentes études, et
» il peut se passer de les terminer par un
» an de philosophie. La philosophie de
» collége se divise en quatre parties, la
» logique, la morale, la physique et la
» métaphysique. La logique est l'art de
» raisonner, et rien ne fait raisonner
» plus juste que les mathématiques; or,
» Robert est mathématicien. La morale
» n'a pas besoin d'être enseignée, parce

» que nous avons tous le sentiment in-
» time de ce qui est bon ou nuisible. J'ai
» un assez beau cabinet de physique, et
» j'en donnerai des leçons à cet enfant.
» Quant à la métaphysique, je la définis
» l'*art de déraisonner.* D'après tout cela,
» le jeune Robert n'a pas besoin de la
» philosophie des écoles. Ce soir, je le
» conduis chez moi, je l'y installe, et
» certes, personne ne viendra l'y cher-
» cher. »

M. et madame Robert embrassèrent M. Henri de tout leur cœur. Leur fils répétait sans cesse, à voix basse : N'être pas professeur de mathématiques ! « Tu
» le seras, mon ami, reprit M. Henri. Je
» chercherai, je te trouverai des élèves
» de ton âge, un fort maître de mathéma-
» tiques pour toi, et je me charge de te
» rendre physicien. » Oh ! alors Robert embrassa son nouveau protecteur ; il

embrassa tendrement son père et sa mère, dont l'orgueil du professorat l'avait éloigné un moment; il embrassa M. et madame Du Perron, Edmond et Henri; il embrassa tout le monde, parce que sa vanité satisfaite l'avait rendu aux douces émotions du cœur. Il alla même plus loin qu'on ne désirait : il maudit le sacerdoce, de quelque livrée qu'il se couvre.

Sa mère l'attira doucement à elle. « Mon cher enfant, quand tu rencon- » treras un soi-disant prêtre, portant sur » sa poitrine des décorations qui con- » trastent avec son ministère, passe vite, » et ne tourne pas la tête. Quand ta mar- » che sera coupée par un carrosse somp- » tueux, tiré par de superbes coursiers, » et traînant à la cour un évêque, un ar- » chevêque, passe encore, et dis-toi : » sous cette mitre sont l'orgueil, la sou-

» plesse et l'esprit de domination. Ce per-
» sonnage habite un palais, et dédaigne-
» rait de dormir sous un toit modeste;
» une simarre riche et élégante lui tient
» lieu de cilice, et son cuisinier est pour
» lui l'homme par excellence.

» Mais, mon cher enfant, si tu ren-
» contres un prêtre enveloppé dans une
» soutane à demi usée; s'il a le front mo-
» deste et le regard doux; si tu le vois
» s'enfoncer dans une allée obscure, suis-
» le. Il monte à un cinquième étage; il
» entre dans un réduit, où tout annonce
» la misère; il s'approche d'un grabat sur
» lequel se désole un homme affaibli par
» les privations. Sa femme, aux joues
» caves, à l'œil éteint, vient de partager,
» entre trois enfans, le dernier morceau
» de pain qui lui restait.

» Le bon prêtre tire de dessous sa sou-
» tanelle un pain et un flacon de vin

» vieux. Il s'approche du pauvre père,
» il lui présente des alimens, il l'em-
» brasse, il le console, il offre enfin
» une pièce de cinq francs. C'est tout
» ce qu'il peut donner : il n'est pas de la
» congrégation.

» Mon cher enfant, attache-toi à un
» prêtre comme celui-là; il faudra que tu
» le cherches, parce que la vertu modeste
» se cache; mais sois persuadé que tu le
» trouveras. »

Le soir même, on fit un paquet des effets, à l'usage de Robert, qui appartenaient au collége; le colonel y joignit, pour le proviseur, une lettre polie, dans laquelle il renonçait à la bourse de son fils, et Champagne fut expédié pour porter le tout à son adresse.

Quand la nuit fut avancée, les boutiques closes, qu'il ne resta sur le pavé de Paris que des ivrognes et des filous, un fiacre reçut M. et madame Henri, leur fils et Robert.

Le colonel avait été entraîné d'abord par l'idée de soustraire son fils aux poursuites des jésuites. Bientôt la réflexion le ramena à la délicatesse qui lui était naturelle. Il souffrit trop de voir son Robert à la charge de M. Henri, pour ne pas s'en expliquer avec M. Du Perron. « J'arrangerai cela avec le nouvel hôte » de l'enfant, lui dit son ami. Vous ne » pouvez payer sa pension ; je la paye» rai, moi. — Eh, ventrebleu, voilà » ce que je ne veux pas. — Pourquoi » cela ? Est-ce orgueil ? — C'est jus» tice.

» — Mon cher colonel, vous avez été » employé au moment où vous y pen» siez le moins. Je vous ai prêté, et vous » vous êtes acquitté. Qui sait ce que le » sort vous réserve ? Je veux vous prêter

» encore, et vous me rendrez..... quand
» vous le pourrez. — Mais..... Mais.....
» —Aimez-vous mieux savoir votre fils
» soustrait à tous les yeux dans un coin
» de Montrouge ou de Saint-Acheul? —
» — Corbleu! je l'en tirerais l'épée à la
» main. — Et vous vous perdriez, même
» en réussissant.--Alors je me brûlerai la
» cervelle. — C'est la ressource d'un lâ-
» che. — Monsieur! Monsieur! — Ne
» vous échauffez pas, et écoutez. On
» nous conduit visiblement au despo-
» tisme. Peut-être forge-t-on, en ce mo-
» ment, les fers sous lesquels nous gé-
» mirons un jour. Qui les brisera, si les
» hommes comme vous se donnent la
» mort? Vivez, pour servir la patrie et
» venger vos injures personnelles. — Je
» me rends.

» — Vous laisserez donc votre fils chez
» M. Henri? — Il le faut bien. — Et je

» vous prêterai le prix de sa pension ?
» — Soit. »

Voilà notre jeune homme établi à son nouveau domicile. Quelques jours après, un maître de mathématiques vint lui donner sa première leçon. Il trouva un enfant plein de dispositions, et dévoré de la soif d'apprendre. Il lui promit de le pouser rapidement.

Il oubliait quelques heures d'études sérieuses en s'occupant de la physique. M. Henri savait combien il est utile de couvrir d'abord l'aridité de la science sous ce qu'elle peut offrir d'amusant. Il fallait, d'ailleurs, piquer sa curiosité pendant ses courts momens de repos. C'était le seul moyen qui pût l'empêcher de s'attrister profondément, lorsqu'il s'arrêtait à l'idée de vivre séparé de ses parens et de son ami Edmond.

M. Henri lui proposait des questions

de manière à ce qu'il pût facilement les résoudre, et Robert jouissait : vous savez qu'il a beaucoup d'amour-propre. Il trouva, par exemple, que le plus fort agent de la nature est le feu.

Il jugea, à l'aide d'une machine électrique, qu'il y a du feu dans tous les corps existans. Il ne put expliquer, et M. Henri ne l'expliqua pas davantage, comment le feu extérieur, joint aux efforts continuels du feu intérieur, qui alimente les volcans, ne produit pas un embrasement universel.

En tirant, à la fin de l'automne, du feu d'un corps froid à la main, Robert conclut que le froid n'est que le sentiment produit en nous par la diminution de la chaleur, «puisque lui disait M. Henri,
» l'eau bouillante, très-chaude à l'égard
» du corps humain, est froide relati-
» vement au fer fondu.

» Ainsi, ajoutait-il, le froid absolu,
» les ténèbres, l'opacité ou l'épaisseur
» des corps, qui ne permet pas à la lu-
» mière de les pénétrer, le néant sont
» des mots qui ne présentent aucun sens
» déterminé, parce que le froid n'est
» qu'une chaleur moindre ; les ténèbres,
» une moindre lumière ; l'opacité, un
» composé de corps diaphanes ou trans-
» parens ; le néant, l'absence de toutes
» choses, et vous voyez que des choses
» existent.

» — Monsieur Henri, j'admets toutes
» ces différences, à l'exception cepen-
» dant des ténèbres, qui me semblent
» devoir être absolues dans les lieux où
» la lumière ne peut pénétrer, du moins
» par ricochet. — Le mot propre est ré-
» flexion ; laissons de côté vos ricochets.

» Mon jeune ami, vous m'avez fait une
» objection à laquelle je répondrai par

» un fait. Un malheureux est enfermé
» dans un cachot souterrain, inaccessi-
» ble, de toutes parts, à la lumière du
» soleil. Les ténèbres y paraissent si
» épaisses, que le geôlier n'y entre ja-
» mais sans avoir une lanterne à la main.
» Cependant le prisonnier parvient, au
» bout de quelque temps, à démêler les
» objets qui l'environnent. Donc il n'y a
» pas de ténèbres absolues.

» Puisque nous parlons de la lumière,
» pourquoi ne pas nous étendre un peu
» sur ce sujet intéressant? Le célèbre
» Huygens atteste que la lumière ema-
» née du soleil parcourt soixante-six
» mille lieues en une seconde. Ceci est
» étranger à la physique, j'en conviens;
» mais varier nos plaisirs, c'est nous con-
» duire en hommes sages.

» Or, la terre est éloignée du soleil de
» trente-quatre millions trois cent cin-

» quante-sept mille quatre cent qua-
» tre-vingts lieues.— Je vous entends, je
» vous entends, monsieur Henri. Nous
» allons nous amuser à calculer en com-
» bien de minutes la lumière nous arrive
» du soleil. Rien n'est plus facile. Cette
» lumière parcourt, en une seconde,
» soixante-six mille lieues, donc en une
» minute elle en parcourt trois millions
» neuf cent soixante mille. Ainsi elle
» nous arrive en huit minutes et quelque
» chose, si, toutefois, il n'y a pas quel-
» que légère erreur de la part des calcu-
» lateurs des distances, ou de celle de
» Huygens lui-même. Tudieu ! parcou-
» rir en huit minutes trente-quatre mil-
» lions trois cent cinquante-sept mille
» quatre cent quatre-vingts lieues ! C'est
» beau en vérité ! Je suis bien aise de sa-
» voir cela.

» — Voyons, maintenant, combien

» nous sommes petits, quand nous nous
» croyons quelque chose. Nous nous
» étonnons d'avoir pu inventer et utiliser
» la poudre à canon. Nous nous admi-
» rons dans la vitesse et la force du bou-
» let. Hé bien, mon ami, il ne parcourt
» que six cents pieds par seconde. S'il
» était possible qu'il fendît toujours l'air
» avec la même rapidité, combien ferait-
» il de chemin en vingt-quatre heures ?
» — Trois mille quatre cent cinquante-six
» lieues. — Et combien lui faudrait-il de
» temps pour arriver au soleil ? — Hélas,
» vingt-cinq ans environ. Vous avez rai-
» son, monsieur Henri, nous sommes bien
» peu de chose. — Et cependant nous
» sommes quelquefois beaucoup plus
» fiers que nous ne devrions l'être, n'est-il
» pas vrai, Robert ? — Je tâcherai de me
» corriger. — A la bonne heure.

» Encore quelques mots sur la lu-

« mière. Un de ses plus étonnans phéno-
» mènes, c'est qu'elle se réfléchit, ou,
» pour me servir de votre expression,
» elle ricoche de dessus les corps, sans
» toucher à leur surface. — Oh, par
» exemple, monsieur Henri, ceci est
» trop fort. — C'est le grand Newton qui
» l'a dit. — Grand tant qu'il vous plaira.
» Quand je touche un mur exposé au
» soleil du midi, je le trouve brûlant.
» — Allez toucher cette cafetière, qui est
» là, devant mon foyer. — Je me brûle-
» rais, Monsieur. — Et cependant elle
» ne touche pas au feu. — L'argument me
» paraît sans réplique. — Sachez, mon
» jeune ami, qu'il est des noms tellement
» respectables, que personne, un enfant
» surtout, ne doit les attaquer qu'avec
» des preuves incontestables. Robert
» combattre Newton ! encore un mou-
» vement d'orgueil, dont vous me pro-

» mettiez tout à l'heure de vous cor-
» riger.

« Un orgueilleux comme vous, mais
» beaucoup plus savant que vous l'êtes
» encore, a prononcé, sans appel, qu'il
» n'y a que certaines parties du corps
» qui puissent nous procurer des plai-
» sirs, et que toutes, à l'exception des
» ongles et des cheveux, font éprouver
» de la douleur. Que pensez-vous de
» cela? — Si je l'osais, je prononcerais,
» à mon tour, que cet homme est un
» sot. — Monsieur, il faut toujours être
» poli avec ses adversaires. Vous diriez
» que cet auteur s'est trompé, et vous
» en donneriez la preuve. — Cela n'est
» pas difficile. — Voyons-la, s'il vous
» plaît. — Je souffre quand je m'arrache
» un cheveu, je souffre beaucoup plus
» si je coupe un de mes ongles trop
» court. — Est-ce là tout ce que vous

» avez à dire? — Il me semble que cela
» suffit. — Mon ami, je vais vous hu-
» milier encore.

» Quand vous vous arrachez un che-
» veu, ce n'est pas lui qui souffre. La
» douleur est causée par l'imperceptible
» partie de l'épiderme ou de la peau
» que vous arrachez avec lui. Si vous
» coupez un de vos ongles trop court,
» la douleur réside dans la partie char-
» nue qu'il couvre, que vous avez atta-
» quée, ou du moins que vous avez ex-
» posée à l'action de l'air, et qui est
» très-irritable. Ainsi, mon cher ami, le
» sot a eu raison, et le grand Robert
» s'est trompé. »

Notre jeune géomètre était battu,
il le sentait. Il ne savait que répondre;
il rougissait, il pâlissait alternativement.
Sa raison combattait son orgueil blessé,
lorsque ses parens et la famille Du Per-

ron se firent annoncer. M. Henri était trop délicat pour parler de ce qui venait de se passer. Robert se mit à son aise, et il accueillit les arrivans avec l'affection qu'il leur devait, et dont il était pénétré.

Les trois familles se voyaient souvent, et c'était presque toujours chez M. Henri qu'elles se réunissaient. Lorsque celui-ci, sa femme et le jeune Henri allaient chez M. Du Perron, Robert restait seul, et ne s'ennuyait pas, parce qu'il aimait à s'occuper; mais il éprouvait une privation pénible; on le savait, et on évitait de la lui imposer souvent. Le colonel déclamait contre les jésuites; sa femme et ses amis le calmaient, en lui représentant que son fils était en sûreté.
» En sûreté, tant qu'il vous plaira; mais
» n'est-il pas affreux d'être réduit à se
» cacher quand on n'a pas de reproches
» à se faire? »

Les vacances finissaient. Edmond et Henri rentrèrent au collége, commencèrent et continuèrent leur quatrième, avec assez de succès. Plus de sottises, plus même de tours d'écoliers; mais aussi pas de ces efforts soutenus que l'indigence des pères semble commander aux enfans. Ceux de Henri et d'Edmond étaient riches; ces enfans le savaient, et ils étaient sans inquiétude sur leur sort futur. C'est peut-être un malheur d'avoir des parens riches.

Mais ce n'était pas seulement la piété filiale qui avait fait de Robert un sujet extraordinaire. La nature, nous le répétons, l'avait doué d'une tête forte et d'une facilité de conception qui, vous le savez, avaient frappé les deux jésuites. Ils avaient démêlé son ambition naissante. Robert était donc un de ces sujets rares, que la société ne laisse pas échapper. Sûre de la docilité et de l'appui des autorités supérieures, elle commençait à suivre ouvertement la route qu'elle s'est tracée depuis des siècles. Qu'est-elle, en effet, depuis sa fondation? Un jésuite est un prêtre pour les petites filles et pour les bonnes femmes. C'est un être infiniment dangereux pour qui le connaît bien.

Nos deux jésuites se présentèrent au collége Louis-le-Grand à la rentrée des classes. Ils furent étonnés et inquiets en apprenant que le colonel avait retiré son fils, et ils comprirent pourquoi le jeune homme avait manqué au rendez-vous qu'ils lui avaient donné au Luxembourg. Ils jugèrent aisément que leur lettre avait été remise à son père. Les difficultés ne rebutent jamais les pères de la société de Jésus.

Champagne avait remarqué plusieurs

fois, dans la rue de Tournon et au Luxembourg, l'homme qui lui avait remis la lettre destinée au jeune Robert. Cet homme s'approchait de lui, s'en éloignait, et paraissait regarder les enseignes, à peu près comme faisait M. Du Perron, avant qu'il eût imaginé de se distraire en faisant du bien.

Quand les maîtres sont fortement préoccupés, il est presque impossible que les domestiques ne saisissent pas, en allant et venant, quelque chose qui les éclaire. Champagne connaissait parfaitement les motifs qui avaient déterminé la retraite du jeune Robert, et il était sur ses gardes.

L'homme en question voyait bien que Champagne l'avait remarqué et reconnu. Il s'impatientait de ce qu'il ne l'abordait pas, parce qu'on est embarrassé sur son début, quand on est chargé d'une commission difficile. Voyant cependant que Champagne s'obstinait à garder le silence, il se décida à le prévenir, car enfin il fallait bien entamer la grande affaire.

« Hé! mais je crois que c'est monsieur
» Champagne? — Vous m'avez reconnu
» depuis le premier moment où vous rô-
» dez dans le quartier, et depuis quatre
» jours vous ne le quittez pas. — J'ai à
» me plaindre de vous, monsieur Cham-
» pagne. — Je m'en bats l'œil, monsieur
» je ne sais qui. — Je vous charge d'une
» lettre pour le jeune Robert, et vous
» la remettez à son père! — Voyez le
» grand malheur! — Ah, j'ai donc deviné.
» viné. — Vous êtes si fin! — Vous
» êtes revêche, monsieur Champagne.—
» Vous êtes un fripon, monsieur je ne
» sais qui. — Pour vous prouver le contraire,
» traire, je vais vous payer bouteille,

» et nous nous réconcilierons le verre
» à la main. — Je ne vais jamais au cabaret. — C'est étonnant. — Et je ne
» veux rien avoir de commun avec vous.
» — Je vous en prie. — Eh! ventrebleu,
» laissez-moi tranquille! »

En prononçant ces derniers mots, Champagne fit faire une pirouette à monsieur je ne sais qui. Sa redingote grise se déboutonna du haut en bas, et Champagne aperçut très-distinctement une veste noire, surmontée du petit collet des enfans d'Ignace de Loyola. « Ah!
» vous êtes un frère jésuite! — Je m'en
» fais honneur. — Eh bien, valet mal-
» adroit, qui ne savez pas vous déguiser
» complétement, allez dire à vos pères
» que je ne suis pas de la congrégation,
» et que vous ne ferez rien de moi. »

Le premier soin de Champagne, en rentrant à l'hôtel, fut de raconter à

M. Du Perron la scène qui venait de se passer. M. Du Perron crut ne pas devoir la cacher au colonel. Celui-ci commença par tempêter, à son ordinaire; il voulait aller demander justice au chef du clergé de Paris; il voulait, en cas de refus, s'adresser aux tribunaux. Que ne voulait-il pas?

M. Du Perron, toujours réfléchi et tranquille, convint qu'il était évident que les jésuites voulaient s'emparer de son fils; mais il lui fit remarquer que des évêques publiaient des mandemens tout-à-fait dans le sens du despotisme, et que si cet exemple pernicieux n'était pas suivi à Paris, c'est qu'on redoutait les Parisiens. M. Du Perron ajouta que les procureurs du roi sont choisis parmi les congréganistes, et qu'ainsi ils marchent dans le sens qu'imprime au gouvernement l'autorité spirituelle; que s'ils s'écartaient de la route qui leur était tracée, ils seraient destitués à l'instant.

« Ventrebleu ! mon ami, à qui donc de-
» mander justice ? — A votre épée,
» quand le moment sera venu. Vous
» voyez, comme moi, que tout nous
» conduit à l'esclavage, ou à la nécessité
» de conquérir la liberté. — Attendre !
» attendre ! et si, en attendant, ces fri-
» pons-là empoisonnent moralement mon
» fils ? — On n'emploiera pas la violence
» pour vous l'enlever. Qu'il reste où il
» est, et opposons la surveillance à l'es-
» pionnage. J'ai un domestique assez
» nombreux pour pouvoir, à la rigueur,
» me passer de Champagne; je vous le
» donne. Il est actif, intelligent, et nous
» lui ferons sa leçon. »

Voilà donc Champagne rôdant, pendant plusieurs heures de la journée, dans la rue de Tournon, et dans celle de Bussy, où demeurait M. Henri. Quelquefois il ne sortait qu'à dix heures du soir, pour ne rentrer que lorsque les rues étaient à peu près désertes. Le frère jésuite ne paraissait plus ; Champagne ne remarquait rien de particulier sur les figures qu'il rencontrait. L'absence présumée du danger et le temps font naître la sécurité, et le bon domestique négligeait un genre de service qui lui paraissait inutile. Il sortait par habitude ; ses fantaisies dirigeaient sa marche, et quoiqu'il eût protesté au frère jésuite de son aversion pour le cabaret, il y passait souvent quelques heures le soir, avec ses camarades.

Le père, la mère de Robert, et leurs amis communs croyaient que les pères de la foi, la société du Sacré-Cœur, la société de Jésus, les jésuites enfin, qui changent de nom selon les circonstances, ne pensaient plus au jeune mathématicien. Ils étaient tranquilles : peut-on, doit-on l'être quand on a été menacé par la congrégation ?

Robert travaillait beaucoup ; il se délassait dans le jardin de M. Henri. Il n'était pas grand ; mais il y respirait un air nouveau, et c'était assez pour la santé. Il voyait tous les jours ses parens et ses amis Du Perron, et il était heureux. Qui rend la captivité dure ? des portes qu'on ne peut franchir, et dont les verroux bruyans transportent l'imagination au milieu des champs. Il en est de la liberté comme de la santé : on n'en sent le prix qu'après les avoir perdues. Jouit-on de l'une et de l'autre, on ne s'en occupe plus. Robert avait à sa disposition un vaste logement, un joli jardin ; on lui avait trouvé dans la maison trois enfans à qui il donnait des leçons de mathématiques. M. Henri lui abandonnait son cabinet de physique, qu'il ménageait beaucoup, et où il s'amusait souvent. Il se croyait libre, parfaitement libre. Mes chers enfans, ne sommes-nous pas réellement ce que nous croyons être, si un imprudent ne vient pas nous éveiller? Ce fou, qui se croyait Dieu, se frappait la tête contre la porte de sa loge, quand il voulait lancer le tonnerre. Le bruit qu'il faisait l'empêchait de sentir les contusions qui lui couvraient la figure. Il croyait voir, à ses pieds, le genre humain, tremblant, lui demander grâce. Il lui pardonnait d'un air de majesté, et retournait se jeter sur une poignée de paille humide.

Aux réunions de la quinzaine, il fêtait, il caressait Henri et Edmond; il les interrogeait ensuite sur leurs études; il engageait ses écoliers de mathématiques à descendre après le dîner. Il les faisait travailler tous ensemble pendant une heure, une heure et demie. Les parens se regardaient d'un air étonné, et l'amour-propre du jeune professeur, sa passion dominante, le faisait jouir au-delà de toute expression.

Bientôt il forma le projet de donner à ses jeunes camarades des leçons de physique. Alors on descendait, au jardin, les instrumens dont il croyait avoir besoin.

« A l'aide de la pompe d'une machine » pneumatique.... — Qu'est-ce, Robert, » qu'une machine pneumatique? — C'est » cet instrument, à l'aide duquel on » pompe tout l'air qui est renfermé sous ce » verre bombé, qui couvre ce qui s'appelle » récipient. Je vais y placer ce moineau. »

Il l'y met en effet, et il pompe jusqu'à ce que l'oiseau chancelle et tombe.

« Oh ! le pauvre petit, il est mort ! —
» Non, mes amis ; mais il ne tarderait
» pas à l'être, et je vais lui rendre ses
» forces. » En effet, il lui redonne l'air
par degrés, et bientôt le moineau reprend son agilité avec la vie. « Cette ex-
» périence prouve que nous ne pouvons
» vivre sans air. Faisons-en une autre. »

Il attache une sonnette au haut du verre ; il ouvre un trou, presque imperceptible, pratiqué dans le cuir mouillé, sur lequel ce verre repose, et que bouchait une très-petite parcelle de cire ; il introduit, par-dessous, un mince fil de fer, qui va s'attacher au ressort de la sonnette. Il agite, il secoue le fil de fer, et on entend parfaitement le bruit de la clochette. Il tire l'air tant que la pompe peut agir, il sonne, et l'auditoire enfantin n'entend rien. « Cette
» seconde expérience, dit le jeune pro-

» fesseur, nous apprend que les corps
» susceptibles de rendre du son ne peu-
» vent se faire entendre que lorsqu'ils
» sont en contact avec l'air. — Contact!
» contact! — Deux corps qui se touchent
» sont en contact. — Mais l'air n'est pas
» un corps. — C'est non-seulement un
» corps, mais un corps élastique. Com-
» primez de l'air dans un fusil à vent,
» chargez-le, et lâchez la détente; la balle
» percera, à trente pas de distance, une
» planche d'un pouce d'épaisseur.

» Accrochez un violon à un mur, pre-
» nez une flûte, et essayez de tous les
» tons. Quand elle en rendra un qui sera
» en accord parfait avec une des cordes
» du violon, que vous ne touchez pas,
» cette corde répétera le même son. —
» Bah! — Essayons. »

Robert fait son expérience, et elle réussit parfaitement. « Mon ami Robert,

» cela est étonnant, prodigieux ; mais
» comment cela se fait-il ? — N'allons
» pas plus loin que l'action de l'air, dont
» nous traitons en ce moment. Le ton de
» la flûte, en rapport parfait avec la
» corde du violon, y est porté par l'air,
» or, un corps seul peut supporter quel-
» que chose. »

Le colonel et sa femme ne perdaient pas un mot de ce que disait leur fils. Ils l'écoutaient la bouche ouverte, et la figure rayonnante de plaisir. « Cent dia-
» bles, s'écria enfin le colonel, je ne vois
» pas ce que les jésuites peuvent appren-
» dre à mon fils, si ce n'est pourtant de
» l'initier à leur profonde immoralité
» Mais, ventrebleu ! ils ne l'auront pas.
» — Un moment, mon cher papa. Vous
» respirez avec difficulté. En savez-vous
» la raison ? — Non, parbleu. — Lorsque
» nous sommes fortement agités, nous

» respirons avec une sorte de violence;
» l'air remplit et gonfle nos poumons
» avec une surabondance telle qu'il a de
» la peine à en sortir assez promptement
» pour que la régularité des fonctions
» pulmonaires ne se trouve pas déran-
» gée. Concluons de là que l'air qui em-
» barrasse l'action de vos poumons ne
» peut être qu'un corps. Tout dans la
» nature accessible à nos sens, et par
» conséquent à notre intelligence, doit
» être un corps, ou n'être rien. Or,
» M. Henri prétend que *néant* est un mot
» vide de sens. »

Le colonel embrasse son fils d'un côté, sa mère l'embrasse de l'autre. Les familles Du Perron et Henri félicitent avec ardeur le jeune physicien. Ses petits camarades restent debout devant lui, et le regardent avec une espèce de vénération. Robert ne se donne pas la peine de dissimuler sa vaniteuse satisfaction. Elle pétille dans ses yeux; elle s'exprime par ses gestes.

On oublia la science pendant le reste de la journée. On rit, on joua, on dansa, et la respiration de personne ne fut embarrassée : la douce sensation du plaisir ne surcharge pas les poumons.

A la réunion suivante, on engagea Robert à continuer à instruire et à amuser ses parens et ses amis, en continuant ses expériences, ou du moins ses observations sur la physique. C'était le prendre par son faible; aussi ne se fit-il pas prier. Il en revint à l'air, sur lequel il lui restait bien des choses à dire.

« Remarquons d'abord, dit-il, que
» l'action de l'air est si nécessaire et si
» générale, que sans la pression de l'at-
» mosphère..... — Oh! l'atmosphère!.....
» — L'atmosphère, qu'est-ce que cet ani-

» mal-là ? — L'atmosphère est la masse
» d'air qui entoure la terre, et qui de-
» vient tellement raréfié ou délié sur
» les hautes montagnes, que les sensa-
» tions de l'ouïe et de l'odorat y sont
» très-affaiblies. Avec quelques degrés
» de raréfaction de plus, l'homme y
» périrait, comme ce moineau que nous
» avons mis, il y a quinze jours, sur le
» récipient de la machine pneumatique.
» Il faut à l'homme un air plus dense,
» c'est-à-dire plus épais, plus serré, l'air
» corps enfin, dont nous avons parlé il
» y a quinze jours. Or donc, sans la
» pression de l'air atmosphérique, on ne
» pourrait tirer de l'eau avec une pompe,
» un enfant ne pourrait téter, on ne
» pourrait humer un œuf frais. — Je
» n'entens pas cela, dit le colonel. — Je
» vais vous l'expliquer. — Diable !
  » Sans la pression de l'air atmosphéri-

» que, il n'y aurait pas d'air entre le bas du
» piston d'une pompe et l'eau d'un puits.
» Quel serait alors le moteur, ou la force
» d'action, qui ferait monter l'eau? Mais
» le piston, en descendant, plonge dans
» l'eau une quantité d'air qui s'y mêle;
» le piston, en remontant, attire l'air
» qu'il a fait descendre, et cet air attire
» l'eau avec lui. Il en est à peu près de
» même des deux autres opérations dont
» je viens de parler, dans lesquelles l'in-
» tervention de l'air atmosphérique est
» indispensable.

» — Mais, mon fils, il s'ensuivrait de là
» que l'air et l'eau ont entre eux des
» rapports frappans. — Ce sont ces rap-
» ports que nous autres savans définis-
» sons par le mot analogie. — Fort bien.
» Continuez, monsieur le savant. — C'est
» ce que je vais faire.

» L'eau a une analogie frappante avec

» l'air, en ce qu'elle est, comme lui, un
» fluide transparent, qui n'a ni odeur,
» ni couleur, ni saveur..... — Oh! je te
» tiens, mon cher docteur. Pourquoi
» l'eau gèle-t-elle quelquefois, et l'air ja-
» mais? — Parce que l'eau se compose de
» corps plus denses, c'est-à-dire plus
» épais que ceux de l'air pur, par consé-
» quent plus rapprochés et plus suscep-
» tibles d'être frappés par l'action du
» froid. L'air, au contraire, se divise, se
» subdivise à l'infini, et le froid ne peut
» exercer d'action sur lui. — Il me sem-
» ble, mon fils, que ton explication nuit
» un peu à l'analogie que tu viens d'éta-
» blir entre l'air et l'eau. Je crois que je
» vais l'anéantir tout-à-fait. — Ah! voyons
» cela, mon père.

» — Je serai plus court que toi.
» L'homme périt sous l'eau, et le poisson
» meurt à l'air; donc il y a incompatibi-

» lité entre ces deux élémens.—L'homme
» périt sous l'eau, parce qu'il ne peut
» respirer cet air trop épais; le poisson
» meurt à l'air, parce que sa raréfaction
» ou sa subtilité le tue. Mais nous na-
» geons tous dans l'espèce d'air qui nous
» convient.— Ah! nous nageons! je nage
» donc moi? — Mais, je le crois, mon
» père. Dans l'air atmosphérique, nos
» pieds agissent comme la queue four-
» chue du poisson dans l'eau, et nous di-
» rigeons notre marche avec nos bras,
» comme le poisson dirige la sienne
» avec ses nageoires supérieures. Tous
» les animaux sont environnés d'un
» fluide plus ou moins épais, dans lequel
» ils se meuvent. Que nous marchions
» ou que nous nagions, peu importe le
» mot. Si vous ne voulez pas nager, per-
» mettez aux poissons de marcher, et
» nous serons d'accord.

» Quelquefois votre chambre est hu-
» mide? — Oui, quand le temps est à la
» pluie. Que conclus-tu de là? — Que
» l'air se trouve alors chargé de parties
» aqueuses, qui s'amalgament avec lui,
» qui pénètrent partout avec lui, et leur
» analogie est telle que, dans certaines
» circonstances, dans celle-ci, par exem-
» ple, les deux ne font qu'un seul et
» même corps. — Diable, mon ami, tu
» es beaucoup plus savant que ton père.
» — Il faut bien que quelque chose me
» dédommage des qualités respectables
» que vous possédez, et que je n'aurai
» peut-être jamais. — Ah! coquin, tu me
» flattes! — Je dis la vérité. — Oh! quel
» jésuite tu ferais!

» — Il me semble, mon père, que
» vous venez de vous servir du mot élé-
» ment. — Est-ce qu'il n'y en a plus,
» selon toi? — Si l'eau et l'air sont si

» semblables, et vous venez d'en conve-
» nir, il n'en resterait que deux. — Assez
» semblables, je l'avoue; mais ils diffè-
» rent quelquefois, et alors ils sont sépa-
» rés et distincts. — J'ai dit que l'homme
» se noie dans l'eau, et que le poisson
» meurt à l'air. Cela prouve que nous ne
» pouvons vivre que dans l'espèce d'air
» qui nous est propre, voilà tout. La
» terre n'est que la matrice des végétaux,
» l'eau et l'air les nourrissent en se com-
» binant, en s'amalgamant, en se mêlant
» l'un avec l'autre, et cela prouve encore
» qu'ils ne font réellement qu'un.

» M. Henri me fait quelquefois de la
» chimie, surtout lorsque cette science
» se rapporte à la physique. Il a décom-
» posé l'eau devant moi, d'après la mé-
» thode de Lavoisier, et nous y avons
» trouvé de l'air, de la terre et du feu.
» Nous avons trouvé, dans de la terre

» franche, de l'air, de l'eau et du feu.
» Nous avons trouvé dans le feu de la
» terre, de l'air et de l'eau. Ainsi les
» quatre élémens, admis par presque
» tous les savans de l'Europe, ne sont
» qu'une chimère. — Ah! tu es plus
» savant que tous ces savans-là? — Je
» ne dis pas cela ; mais j'ajouterai que la
» nature, soumise à une loi spéciale et
» universelle, peut aussi n'employer
» qu'un moyen pour produire des pier-
» res, du bois, de la chair, des os, des
» fruits; c'est le concours de ce que vous
» appelez les quatre élémens, qu'elle
» rassemble, dont elle forme un seul
» corps, dont les parties agissent de
» concert, ce qui prouve qu'ils ne sont
» pas étrangers les uns aux autres, et
» qu'on a tort de les isoler, sous des
» noms différens. »

Le colonel ne savait plus que répondre

à son fils. Plein d'étonnement, et pénétré de reconnaissance envers M. Henri, il le pressa affectueusement dans ses bras. Un paysan sortant du sermon, dit à ses camarades que leur curé avait débité de si belles choses qu'il n'y avait rien compris. Mesdames Robert, Du Perron et Henri avaient bien quelque ressemblance avec ce paysan. Elles engagèrent Robert à écrire ce qu'il avait dit. En effet, la rapidité du débit d'un orateur fait perdre bien des choses. Ce qui est écrit reste, se lit, se relit, la méditation le fait comprendre, on admet ou on rejette, et voilà ce que voulaient ces dames. Mes enfans, imitez-les : lisez et relisez.

Il était difficile que la conversation passât subitement de la haute physique à des objets futiles. On parla peu en se mettant à table : on chercha à satisfaire un appétit franc avant la curiosité. Ce-

pendant, au second service, parut un faisan, tellement *faisandé*, que madame Henri le fit enlever, en se bouchant le nez. Les autres dames lui adressèrent un sourire d'approbation : « Celui-là devait
» marcher, dit quelqu'un. A quelle nom-
» breuse famille sa décomposition a dû
» donner naissance ! » ajouta un autre. Les estomacs étaient à peu près satisfaits; on badinait avec les entremets; Robert n'était pas encore à la hauteur de la discussion qu'on semblait provoquer : ce fut M. Henri qui prit la parole.

« Ce que nous appelons la corruption,
» la pouriture, n'est autre chose que la
» division de toutes les parties d'un corps
» que la vie a cessé de maintenir entre
» elles. La pouriture, l'absence totale de
» la vie ne peut la communiquer à aucun
» être, parce que nul ne peut donner ce
» qu'il n'a pas. La pouriture n'engendre

» pas plus les insectes et la vermine,
» qu'une charogne n'engendre des cor-
» beaux. L'argument me paraît fort, dit
» M. Du Perron. Cependant, si les insec-
» tes, qui ont paru naître et se multiplier
» dans ce faisan, n'ont pas dû la vie à la
» dissolution de ses parties, il y a donc
» eu une nouvelle création. — La ma-
» tière se modifie de mille millions de
» manières différentes, à la faveur de deux
» qualités qui lui sont propres, la cha-
» leur et le mouvement. Quelques savans
» croient que les germes de toutes choses
» sont répandus çà et là, et se dévelop-
» pent lorsqu'ils trouvent une matrice
» qui leur est propre. Vous semez de la
» graine de réséda dans un pot garni de
» terreau, et vous le placez sur votre
» balcon. Le réséda lève et grandit. Bien-
» tôt il vous donne la fleur que vous
» attendez. Vous l'examinez, vous en res-

» pirez l'odeur. Plus tard, vous remar-
» quez des feuilles rongées. Vous les sou-
» levez, pour reconnaître la cause du
» dépérissement de la plante. Vous trou-
» vez, sous ces feuilles, des chenilles
» d'une moyenne grandeur, et d'un vert
» semblable à celui de la plante. Cepen-
» dant elle est seule sur votre balcon, et
» vous n'en voyez aucune autour de vous.
» Admettez-vous qu'il s'est opéré une
» création sur votre fenêtre ?

» D'autres savans vont plus loin que
» ceux dont je viens de vous parler. Ils
» prétendent que les germes des animaux
» résident dans la graine même de la
» plante qui doit les nourrir un jour. Le
» germe d'un quadrupède n'est-il pas
» dans la semence du mâle ? Cette se-
» mence ne produit rien si elle n'est dé-
» posée d'une manière convenable à la
» production. Un bouc enfermé gar-

» dera la sienne pendant toute sa vie ; » mais non-seulement elle existe, elle » contient le germe de chevreaux, qui » ne peut se développer par le défaut des » circonstances voulues par la nature.

» Ce sont là de ces mystères que nous » ne pouvons pénétrer, et sur lesquels » nous établissons des conjectures, qui » sont susceptibles d'être combattues. » Cependant il est constant que la pou- » riture, qui n'a plus de vie, ne peut rien » produire de vivant ; mais que quel- » ques-unes de ses parties sont propres » à nourrir certains animaux.

» Allons, allons, dit le colonel, c'est » fort bien raisonner. Un verre de cham- » pagne là-dessus. Mes amis, je bois aux » germes de M. Henri. »

La mousse pétillait dans les verres, chacun était armé du sien. Pan, quelque chose saute au milieu de la table....

On s'étonne, on regarde.... : « Hé, c'est
» Coco. — Oui, vraiment c'est Coco. »
Coco est un joli petit singe, qui amuse
beaucoup madame Henri, et qui a rompu,
en faisant ses gambades, la chaîne d'argent qui l'attachait au balcon : « Qu'a-t-il
» donc sur la tête? dit M. Henri. — Hé,
» c'est mon bonnet de nuit, répond
» Madame, dont il lui a plu de se coiffer. »
Coco se complaît sous les dentelles, dont
il voit, soir et matin, la figure de sa
maîtresse enveloppée. Il se donne des
airs, il fait des mines, probablement
comme il en a vu faire à Madame, et il
en attrape quelquefois d'assez gracieuses, pour un singe. On a posé les verres
sur la table, pour le regarder, pour s'en
amuser ; le colonel seul vide le sien gravement. Coco prend, avec la même gravité, celui de sa maîtresse, et en avale
le contenu d'un trait. La liqueur pi-

quante lui monte au nez ; il s'imagine
probablement que le colonel lui a tendu
un piége en l'engageant à l'imiter. Il lui
fait la grimace ; le colonel y répond par
une autre. Coco, piqué, arrache de
dessus sa tête le bonnet de sa maîtresse,
et le lui jette au visage. Le colonel s'approche pour lui tirer les oreilles, Coco
lui applique une paire de soufflets, et
lui montre son derrière. Toutes les dames
proclament Coco le plus aimable des
singes. Mais un officier ne se laisse pas
souffléter impunément.

Le colonel prend, de ses deux mains,
deux coins de sa serviette, il la roule,
et il donne à Coco ce qu'on appelle,
en terme d'écolier, des jarretières. A
chaque coup, Coco fait un bond, et
casse, en retombant, un verre, un
compotier, une carafe. Tantôt il est
sur la table, tantôt il est dessous. Le

colonel le suit avec opiniâtreté ; Coco ne sait plus comment éviter la fatale serviette. Il saute sur le dos de son adversaire, se cramponne de trois pates à ses épaules, et de la quatrième il lui arrache les cheveux.

O événement imprévu, désagréable! Le colonel a un faux toupet, et madame Robert seule est dans le secret. Le toupet reste à la main de Coco, qui fait trois ou quatre fois le tour de la table, qui présente son trophée à chacun des convives, et qui le dépose enfin dans de la crême que sa maîtresse a sur son assiette. Il semble lui dire que c'est pour elle qu'il a vaincu.

Un toupet de moins change singulièrement une figure. Celle du colonel, ordinairement noble et imposante, est devenue grotesque. Il s'élève un rire général, qu'on cherche à attribuer aux espiégleries de Coco. Le colonel n'est pas dupe du subterfuge, et lui seul ne rit pas.

Cependant ce guerrier, qui a prodigué sa vie dans vingt combats, sera-t-il vaincu par un singe? il s'arme d'une carafe pleine, il épie le moment favorable, et la vide sur la tête de Coco. Le superflu du liquide roule sur la table, sur les robes de ces dames, qui cessent de rire, parce qu'une toilette dérangée leur donne nécessairement un peu d'humeur, qu'elles n'ont pas toujours la force de dissimuler.

Coco, saisi par la fraîcheur de l'eau, perd son courage et son agilité. Son ennemi le saisit par la queue, et va lui administrer une correction à la manière de M. De Lâtre. Madame Henri jette les hauts cris. Mesdames Robert et Du Perron joignent leurs voix clairettes à celle de la maîtresse de la maison. Toutes demandent grâce pour Coco.

Déjà la large main du colonel est levée, et les cris redoublent. Coco fait un dernier effort, il mord les doigts vigoureux qui lui serrent la queue, et les force à lâcher prise. Les domestiques, attirés par un bruit, dont la cause leur est inconnue, rentrent dans la salle à manger. Coco, redevenu libre, s'enfuit et court de tous les côtés. La femme de chambre de la maison se présente à lui ; il se réfugie sous sa robe, et s'accroche à ses jarretières. La femme de chambre, effrayée, crie avec les autres, et s'enfuit sur l'escalier. Là, elle s'arrête pour se dépêtrer de Coco. C'est elle qui a soin de lui ; elle le caresse, elle lui parle. Il reconnaît sa voix, et descend avec docilité. C'est une grande faute, à la guerre, d'abandonner une position sûre, et il est constant que le colonel n'eût pas été chercher son adversaire dans la cachette mystérieuse qu'il avait choisie. Le guerrier paraît inopinément sur l'escalier, une houssine à la main, avec un toupet de moins, et deux doigts ensanglantés. Coco le reconnaît et s'élance. Il monte rapidement les escaliers, et le colonel le suit de loin, en le menaçant du geste et de la voix. Coco arrive aux mansardes, trouve une fenêtre ouverte, et saute sur le toit. Là, il se promène fièrement, comme un coq qui chante sa victoire, à cette différence près, que Coco ne chanta point.

Le colonel mit la tête à la fenêtre, et peu tenté de faire le saut périlleux, il descendit en grondant, et en disant que dans un état bien policé on ne devait pas souffrir de singe. On ne riait plus chez M. Henri; parce que la scène avait fini d'une manière un peu sérieuse. La femme de chambre avait remis le toupet dans un état convenable, et madame Robert attendait son mari le taffetas d'Angleterre dans une main, et des ciseaux dans l'autre.

Le colonel, pendant qu'on pansait ses piqûres et qu'on le recoiffait, faisait, sur la méchanceté des singes, des réflexions tardives, mais très-sages. M. Henri laissait difficilement échapper l'occasion de faire paraître sa science. Quel est l'homme qui ne soit bien aise de briller, dans quelque genre que ce soit?

« M. de Buffon, dit-il, prétend, et je
» pense comme lui, que la nature, en pro-
» duisant des espèces d'une même classe,
» les range, si on peut s'exprimer ainsi, par
» chaînons, en montant du petit au grand.
» C'est ce qu'on peut reconnaître si on veut
» partir du roquet, pour arriver au chien

» de basse-cour. Ce naturaliste, frappé
» de la différence qui existe entre l'hom-
» me et le singe, qui cependant ont tant
» de rapports entre eux, ne balance pas
» à prononcer qu'ici il y a un chaînon
» de rompu. En effet, il est très-présu-
» mable qu'il existait entre le singe et
» l'homme une espèce qui n'était pas
» assez puissante pour détruire le genre
» humain ; mais qui était redoutable au
» point de lui donner de continuelles
» inquiétudes. L'homme l'a sacrifiée à
» sa sûreté.

» Je suis tout-à-fait de l'avis de M. de Buf-
» fon, s'écria le colonel. Si un sapajou,
» gros comme un chat, m'a déchiré les
» doigts ; si le singe, beaucoup plus
» gros, qu'on appelle l'homme des bois,
» marche sur ses pieds de derrière, un
» bâton à la main, et a assez d'intelli-
» gence pour faire certaines commis-

» sions, que n'avait-on pas à craindre
» d'une espèce plus grande, plus forte,
» plus intelligente sans doute, et qui
» peut-être parlait? — Oui, mon cher
» colonel, nos ancêtres ont anéanti cette
» espèce, et bien d'autres, peut-être,
» sur lesquelles nous n'avons aucunes
» notions. »

Pendant qu'on pérorait, madame Henri, ses amies, les domestiques appelaient Coco du ton le plus caressant, et l'invitaient à descendre, en lui montrant une meringue, une gimblette, une dragée. Coco, affranchi de tout sur son toit, jouissait de la plénitude de sa liberté, et ne donnait pas la moindre attention à ceux qui n'aspiraient qu'à le remettre à la chaîne. On ne savait quel parti prendre. On se rappela enfin qu'il avait fort bien dîné, et on jugea qu'il descendrait lorsqu'il aurait digéré. En conséquence, on plaça des friandises, de distance en distance, de la croisée au milieu de la mansarde; on mit un domestique derrière le volet, avec injonction d'être très-attentif, et de fermer brusquement la fenêtre, lorsque Coco serait rentré. Ces précautions prises, on descendit au salon.

Coco regardait les passans, et leur faisait des gentillesses, qui arrêtaient les badauds dans la rue, et il y en a beaucoup à Paris, en comptant les dames, ou sans les compter. Une femme, très-bien mise, coiffée d'un chapeau de la dernière élégance, s'arrêta aussi, lorsque la digestion de coco commença à se faire. Il lui parut fort drôle de déposer *ce que vous savez* dans sa main, et de le lancer sur ses admirateurs. Honteux, peut-être, de ce qu'il venait de faire, il rentra, en deux sauts, dans la mansarde, la croisée se ferma, il fut saisi, et malgré ses morsures, on le remit à la chaîne. Il se calma alors : il semble qu'un esclave n'ait de force que pour porter ses fers.

Cependant le *ce que vous savez bien* était tombé d'aplomb sur le superbe chapeau de la belle dame. Une huée générale s'éleva autour d'elle. Furieuse d'être un objet de ridicule, et de la perte de son chapeau, elle courut chez le commissaire de police. Le magistrat recevait d'autres plaintes, et pria la dame de s'asseoir. Elle trouva très-mauvais qu'on lui fît attendre son tour ; mais bientôt le commissaire la fit approcher en se bouchant le nez, et en la priant de jeter dans la cour ce qui l'incommodait beaucoup, lui et ceux qui attendaient. « Jeter cela, monsieur le commissaire ! » je m'en garderai bien, c'est la preuve » du délit. — Mais, Madame, je vous en

» prie. — Je n'en ferai rien. — Je vous
» l'ordonne.—Un commissaire de police
» donner des ordres à une femme comme
» moi ! » Le commissaire, excédé, la mit
à la porte de son cabinet. Elle y frappa
avec violence des pieds et des mains,
et le commissaire ne put s'en débarrasser
qu'en l'envoyant à la préfecture de police, elle, son chapeau, et la preuve du délit.

Madame Henri fut condamnée à payer le chapeau, c'était tout simple. Mais le colonel disait : « Voilà des verres et des
» cristaux brisés, le secret de mon faux
» toupet connu, mes doigts déchirés,
» une femme de chambre égratignée au-
» dessus de ses jarretières, un chapeau
» perdu, une dame arrêtée, et madame
» Henri condamnée à payer soixante
» francs, parce qu'il y a ici un singe gros
» comme mon poing. Ventrebleu ! qu'eût-

» il fait, s'il eût été de ma taille et de ma
» force ? Oui, nos ancêtres ont très-bien
» fait d'anéantir l'espèce dont parle M. de
» Buffon, et on devrait traiter Coco
» comme l'ont été les géans de sa race. »
Et en terminant ce monologue, le colonel
prit son chapeau, salua la compagnie et
sortit.

On sent bien que, toujours amusé, ou
plus ou moins sérieusement occupé,
Robert filait ses jours sans compter les
heures. Il ne pensait pas à sortir. Qu'eût-
il vu, d'ailleurs, qui pût fixer son attention ? des maisons, des pavés, des marchands, des acheteurs, des ouvriers, des
jardins fréquentés par des gens qui ins-
pirent l'ennui. Qu'est-ce que tout cela
pour un jeune homme occupé de mathématiques et de physique ? Cependant
on se gardait bien de lui parler de ce qui
se passait dans Paris : on eût pu piquer

sa curiosité; de la curiosité à la tentation l'intervalle est court, et la tentation conduit promptement au désir violent d'y succomber. Il fallait, grâce aux jésuites, que Robert fût prisonnier, et qu'il ne s'en doutât pas. C'est ce qui arrivait.

Il y avait long-temps qu'on n'avait entendu parler des pères de la Foi, et on commençait à croire qu'ils avaient renoncé à leurs projets sur Robert; peu à peu la sécurité s'établit. Les réunions de quinzaine continuaient à être gaies, affectueuses et instructives. A chaque séance, Edmond et Henri s'écriaient, répétaient que rien n'est beau comme les mathématiques. Les petits mathématiciens se prononçaient hautement pour la physique et l'histoire naturelle. Le désir d'apprendre se communiquait de proche en proche, et faisait naître l'émulation. Edmond et Henri, impatiens de se livrer à l'étude des sciences, faisaient des efforts inouïs pour abréger leurs humanités, comme cela était arrivé à Robert. Mais Robert était un être à part, un être tel que la nature en produit très-rarement. Cependant Edmond et Henri ne quittaient pas les premières places, et des prix les attendaient à la fin de l'année scolastique. Que de chagrins ils se fussent épargnés, en se conduisant ainsi dès le commencement de leurs études !

Un jour un carrosse s'arrêta à la porte de M. Du Perron. Un évêque en descendit : c'était le ministre de l'instruction publique. Charger un prêtre de diriger l'éducation, c'est vouloir la rendre toute sacerdotale. Monseigneur se fit annoncer. M. Du Perron savait qu'il ne faut piquer la robe sacrée qu'avec la certitude d'écraser celui qui la porte, quand il abandonne son ministère, pour se livrer à des choses tout-à-fait étrangères à l'évangile. M. Du Perron fut très-poli et très-modéré avec monseigneur.

« Monsieur, vous avez retiré chez vous » le colonel Robert. — Oui, Monseigneur. » — Il a un fils d'un mérite infiniment » remarquable. — Monseigneur, je le » juge comme vous. — Les jésuites, tou- » jours empressés de faire le bien, vou- » draient le placer dans une position » brillante. — Ils ont bien de la bonté. » — Vous connaissez leurs vues sur ce » jeune homme. — J'en conviens, Mon- » seigneur. — Et au lieu de les seconder, » vous cachez Robert dans la rue de » Bussy. — Ah! vous savez cela! — Nous » savons tout. — Au fait, Monseigneur, » que voulez-vous? — Vous savez, Mon- » sieur, que personne n'instruit les en-

» fans comme les jésuites, et je viens
» vous demander le jeune Robert, pour
» le remettre entre leurs mains. — Mon-
» seigneur, c'est son père seul qui doit
» prononcer là-dessus.

» Et son père, s'écria le colonel, qui
» avait tout entendu d'un cabinet voi-
» sin, vous déclare que vous ne l'aurez
» pas. — Prenez garde, Monsieur, aux
» conséquences de votre refus. — Je ne
» crains rien, moi. — On supposera de
» votre part, ou un cœur froid, ou une
» opiniâtreté qui tient à l'ignorance.
» — On supposera ce qu'on voudra. Vous
» n'aurez pas mon fils. — Vous le prenez
» sur un ton bien haut, Monsieur. — Ce
» ton-là est le mien. — Sachez, Monsieur,
» que la religion de l'état est l'ombrage
» tutélaire sous lequel repose et s'agran-
» dit l'autorité temporelle. — Oh! par-
» bleu, je le sais de reste. — N'oubliez

» pas que vous jouissez d'une pension
» de retraite fort au-dessus de celle à la-
» quelle vous aviez droit, et craignez,
» oui, craignez d'être puni de votre obsti-
» nation et de votre aveuglement. —
» Vous le prenez sur un ton bien haut
» à votre tour. — C'est celui qui me
» convient. — Vous étiez plus modeste,
» quand vous portiez un petit habit gris
» râpé, et que vous faisiez des conféren-
» ces à vous tout seul. — Alors, je n'é-
» tais pas à ma place. — J'arriverai peut
» être à la mienne.

» —Qu'entends-je, Monsieur? Seriez-
» vous un conspirateur?—Je ne ressemble
» pas à ces gens qui machinent tout dans
» l'ombre et le mystère. Mes conspira-
» tions, à moi, sont au bout de mon
» épée, et si jamais je la tire, on me re-
» connaîtra. »

Le prélat, rouge de colère, l'œil étin-

celant, se retira, en faisant un geste expressif. « Mon cher ami, vous vous
» êtes perdu, lui dit M. Du Perron. —
» Je ne vois pas cela. Quand ils supprime-
» raient ma pension tout entière, m'ô-
» teront-ils le courage qui fait supporter
» la misère? Le grand Bélisaire, aveugle,
» demandait l'aumône; moi, j'ai tous mes
» membres, et je travaillerai. Un homme
» de cœur est toujours sûr de gagner du
» pain; j'en gagnerai, et, sacrebleu, ils
» n'auront pas mon fils. »

Malgré tout ce que purent lui dire d'affectueux et de sensé M. et madame Henri; malgré leurs instances, leurs prières, il fit enlever son ancien mobilier, qu'on avait monté au garde-meuble de M. Du Perron. Il les fit porter à un sixième étage, dans la maison qu'habitait M. Henri, et qui, par hasard, se trouvait à louer. Il y conduisit sa femme, toujours aimante et docile, et il suspendit son épée au chevet de son lit. « De cette maison, » dit-il, je veillerai sur mon fils. »

M. et madame Henri le pressèrent en vain de vivre chez eux, comme il avait vécu chez M. Du Perron. « Non, non, » non, leur dit-il. Je ne contracterai pas » de dettes que je ne pourrais pas payer. » J'ai encore quelques écus. Quand ils » seront prêts à finir, j'aurai une grosse » veste, j'y attacherai mes épaulettes de » colonel, et j'écrirai sur mon chapeau : » Faites travailler un brave officier, que » la congrégation a condamné à mourir » de faim. »

Le dénoûment fut tel que l'avait prévu M. Du Perron. Le troisième jour, le colonel reçut du ministère de la guerre un paquet qui lui annonçait que sa pension était réduite à mille francs. « Bon, dit-il, » je serai dispensé d'afficher ma noble

» misère au coin d'une borne. Ma chère
» amie, de l'eau, du pain, un plat de
» légumes, et nous vivrons. »

Le lendemain, il contraignit M. Du Perron à arrêter ses comptes avec lui. « Mon cher ami, lui dit-il, vous me con-
» naissez assez pour savoir que je vous
» paierai, si jamais je le peux; mais je
» ne veux pas vous devoir un sou de
» plus. Mon fils ne doit pas être plus
» difficile que son père; il vivra avec
» nous, et il descendra chez M. Henri,
» aux heures des leçons qu'il veut bien
» lui donner. »

Il restait à savoir comment on paierait le maître de mathématiques. Le colonel voulait le supprimer, et ce qu'il voulait, il le voulait fortement. M. Du Perron fut trouver le professeur, et lui fit part de tout ce qui se passait. Celui-ci était fier de son élève; il s'y était fortement attaché, et il protesta qu'il lui donnerait des leçons gratuites. Il en donna sa parole d'honneur au colonel, et il la tint ; mais M. Du Perron savait comment on dédommage un maître qui renonce à ses honoraires. Il était marié : une robe, un schall, du café, du sucre, le payaient de ses soins.

A côté de la maison qu'habitait M. Henri était une espèce d'appentis, qui servait d'atelier à un serrurier, brave homme, aimé de tous ses voisins. Au milieu de la quatrième nuit, on cria au feu, en s'empressant de sauver ce qui appartenait au locataire. Aux premiers cris, les voisins s'habillèrent à la hâte, et descendirent dans la rue. Le colonel, toujours soupçonneux, avait ordonné à son fils de rester avec sa mère. Mais Robert voyait la maison de M. Henri menacée. Il n'écouta que son zèle, et courut se ranger au milieu de ceux qui faisaient arriver l'eau aux pompes.

Tout à coup on s'agite, on se pousse, la chaîne de ceux qui font passer l'eau est rompue. Au milieu du tumulte, trois ou quatre hommes, qui paraissent ivres, cernent Robert, et, par des mouvemens qui ne semblent pas étudiés, ils l'entraînent vers le carrefour de Bussi. Robert alors pénètre leur projet. Il se débat, il crie ; le tumulte qui règne derrière lui l'empêche d'être entendu.

Un fiacre est posté au carrefour. La portière s'ouvre. Les ravisseurs s'emparent, à force ouverte, de Robert, et, malgré ses efforts, ils vont le faire entrer dans la voiture. « Arrêtez, coquin, arrêtez, s'écrie une voix de tonnerre, » et deux des assaillans tombent sur la place. Les autres prennent la fuite, et le cocher met ses chevaux au galop.

Qui donc a délivré Robert? Qui pouvait-ce être que son père? Le colonel l'avait aperçu travaillant avec ardeur, et mécontent de sa désobéissance, il ne lui avait pas dit un mot; mais il ne l'avait pas perdu de vue. Il jugea d'abord le projet des prétendus ivrognes. Armé d'une pince de fer, qui avait appartenu au serrurier, et qui se trouva à ses pieds, il avait couru au secours de son fils. « Robert, lui dit-il, vous avez répété » cent fois à Edmond qu'une faute porte » toujours sa punition avec elle. Où vous » conduisait votre infraction à l'ordre » que je vous ai donné de rester au- » près de votre mère? droit à Mont- » rouge. Frémissez et soyez soumis doré- » navant. »

Robert ne répondit rien, et le silence d'un coupable est un aveu positif. Son père le conduisit chez lui, l'enferma à double tour, et revint porter de l'eau. Le toit était abîmé ; la flamme s'était élevée à une hauteur prodigieuse ; mais bientôt les pompiers furent maîtres du feu.

Le colonel retourna au carrefour de Bussi, pour obtenir quelques éclaircissemens sur ceux qu'il avait assommés. Déjà ils avaient été enlevés. Il lui parut clair que tous les événemens de la nuit étaient l'ouvrage des jésuites. Un bâtiment brûlé uniquement pour attirer son fils dans la rue ; des drôles apostés d'avance pour l'enlever ; d'autres placés çà et là pour leur prêter main-forte en cas de besoin, et les deux blessés ou morts emportés de suite par eux, n'importe où ; tout cela lui paraissait un plan suivi, dont il se proposait d'obtenir justice. Il en parla le lendemain à M. Henri.

« Mon cher ami, lui dit celui-ci, vos
» idées me paraissent parfaitement justes;
» mais vos plaintes n'aboutiront à rien.
» Le duc de Fronsac fit brûler une mai-
» son, pour enlever quelqu'un que ses
» parens lui dérobaient. Le crime était
» connu, et le despotisme étouffa l'af-
» faire. Nous arrivons au même gou-
» vernement, sous des formes encore
» constitutionnelles. Quelles preuves ma-
» térielles, d'ailleurs, donneriez-vous de
» ce que vous avanceriez? aucunes.

» Mon cher colonel, tenez-vous tran-
» quille, et veillez avec nous sur votre
» fils. — Comment! ces coquins-là brûle-
» ront impunément des maisons! Il faudra
» que je me taise, moi outragé dans ce
» que j'ai de plus cher! » Hélas! personne
ne prévoyait que, plus tard, et pendant
trois mois, des villages seraient incendiés
par ce parti diabolique.

Mais une mine patriotique se creusait dans le silence; chaque jour y ajoutait quelque chose; l'explosion devait être terrible.

Grands événemens.

Une année s'était écoulée, et Robert était tranquille. La congrégation semblait avoir abandonné les détails pour s'occuper des affaires majeures. Des ministères étaient tombés sous la force de l'opinion publique; mais ils n'avaient cessé d'attaquer sourdement la Charte, qui consacrait les libertés françaises. Enfin des ministres nouveaux parurent, et se préparèrent à établir un despotisme que rien ne pourrait comprimer. On pénétra leurs vues, et une clameur générale s'éleva contre eux. Ils la bravèrent.

Edmond et Henri avançaient dans leurs études, et leur application était récompensée par les premières places et par des prix. Robert était devenu un très-fort mathématicien; la physique avait peu de secrets pour lui, et il raisonnait quelquefois de manière à étonner M. Henri lui-même.

Le colonel persévérait dans ses idées de délicatesse; il vivait mal; mais il supportait patiemment les privations, parce qu'il entrevoyait un avenir vers lequel on marchait à grands pas. « Tant
» mieux! s'écriait-il à chaque acte odieux

» du gouvernement. L'oppression amè-
» nera la liberté. »

Il ne craignait pas qu'on lui enlevât son fils de vive force pendant le jour. Robert sentit enfin sa position, et il était des momens où sa réclusion lui paraissait pénible. Son père crut pouvoir le promener, sans danger, deux ou trois fois la semaine. Alors il s'enveloppait dans sa capote de bivouac, sous laquelle il cachait son gros bâton d'épine. Ce costume paraissait ridicule aux Tuileries, au Luxembourg, au Jardin des Plantes étrangères. Quelquefois le père et le fils surprenaient, sur certaines physionomies, un sourire que la figure noble et sévère du colonel empêchait d'être plus marqué. Robert observait tout cela, et son père s'en moquait.

Bientôt le Jardin des Plantes devint leur unique promenade, parce que Robert y trouvait beaucoup à apprendre, et que plus il savait, plus il était avide de s'instruire encore.

Les réunions de chaque quinzaine avaient toujours lieu. Le colonel et son gros bâton accompagnaient partout les enfans, qui approchaient de l'adolescence. Tantôt il les conduisait à la plaine de Grenelle, tantôt aux Champs-Élysées. Là, un cerf-volant était lancé, et semblait vouloir se perdre dans les nues; ici, un ballon était poussé, renvoyé avec les poings ou les pieds. On s'amusait, les têtes se reposaient, et on rentrait chez M. Du Perron ou chez M. Henri avec un appétit qu'on était impatient de satisfaire. Le colonel et sa femme étaient de ces dîners-là, et c'est la seule jouissance qu'ils se permissent.

« Mais, mon fils, dit le colonel, l'avant-
» dernière fois que nous avons été à la

» plaine de Grenelle, le cerf-volant est
» tombé dans une mare d'eau que je
» n'ai pas vue ce matin. Qu'est-elle de-
» venue? »

Madame Henri, en brodant, en fes-
tonnant, écoutait son mari raisonner
avec Robert, et elle était bien aise de
faire connaître à ses convives qu'elle
n'était pas étrangère aux sciences. « Co-
» lonel, répondit-elle, votre question est
» au-dessous des connaissances de votre
» fils. —Tant mieux, Madame, il y ré-
» pondra plus facilement. Parle donc,
» mon enfant. »—Robert pensait comme
madame Henri sur la futilité de la question, et son amour-propre le faisait
hésiter. Madame Henri s'empressa de
parler pour lui : « Cette eau, dit-elle
» d'un ton assuré, a été pompée par le
» soleil. Elle s'est élevée en nuages, pour
» retomber en pluie, je ne sais où. Fort

» bien, ma chère amie, s'écria son mari.
» Voilà de la bonne physique, ou je ne
» m'y connais pas.

» Ah! reprit Robert, dans huit ou
» dix mille ans on ne fera pas une sem-
» blable question.—Pourquoi cela, mon
» fils? — Parce qu'il n'y aura plus d'eau
» sur la terre. — Comment, il n'y aura
» plus d'eau! Et que boira-t-on? — On
» ne boira plus. — Le genre humain pé-
» rira donc? — Sans doute, mon père.
» Il finira avec la dernière goutte d'eau.
» — Quel diable de galimatias me fais-
» tu là!

» — Il est reconnu, mon père, que le
» volume d'eau diminue progressive-
» ment. — Reconnu! par qui? — Par des
» savans, qui ont démontré cette dimi-
» nution, et qui en ont cherché la cause.
» —J'ai bien peur qu'ils la cherchent
» long-temps. — Un d'eux prétend que

» la réduction de l'eau vient de sa soli-
» dification. — Solidification ! fais-moi
» grâce de tes mots barbares. — Celui-ci
» signifie que l'eau devient solide en
» faisant partie des végétaux et des ani-
» maux.

» Mon ami Robert, dit M. Henri,
» l'ambition de tout expliquer conduit
» souvent à des erreurs, et votre sagacité
» est ici en défaut. » Robert rougit et
baissa les yeux. « Sans doute, reprit
» M. Henri, il y a de l'eau dans un chêne
» et dans un roseau; il y en a dans un
» éléphant et dans une puce. Mais le
» superflu de l'eau, nécessaire à l'accrois-
» sement de tous les corps, s'évapore
» par la transpiration. Lorsque ces corps
» périssent, ce qu'ils ont conservé de
» liquide s'évapore encore, et ce qui le
» prouve, c'est qu'un animal mort finit par
» se dessécher à l'air; c'est qu'un arbre,

» gisant à terre, s'y dessécherait aussi,
» si on lui en donnait le temps, et il fau-
» drait de longues années pour que cette
» opération se fît, parce que les parties
» d'un arbre sont compactes, serrées, et
» ne tombent pas en dissolution. Mais
» quand nous le brûlons, la portion
» aqueuse, qu'il contient, se dissout en
» fumée, et va se réunir au grand tout.

» Mon cher ami, l'eau diminue sans
» doute, et on en a mille preuves; mais
» ce n'est point parce qu'elle se solidi-
» fie, ainsi que l'a prétendu un homme
» qui s'est trompé, et qui, d'ailleurs, a
» beaucoup de mérite. C'est assez parler
» d'eau, s'écria le colonel. Dînons, et en
» boira qui voudra. Oh! dit M. Du Per-
» ron, puisque le savant Robert a décidé
» qu'elle doit manquer un jour, ména-
» geons-la pour nos arrière-petits-enfans,
» et ne buvons que du vin. »

La conversation avait été sérieuse pour ces dames, et elles cherchèrent à l'égayer un peu. On parla modes, littérature, et surtout spectacles : on peut ne jamais s'arrêter quand on traite ces sujets-là. C'est la pièce nouvelle, l'actrice à la mode, le débutant qui promet ou qui ne promet pas. Les opinions se partagent, chacun soutient son avis avec plus ou moins de chaleur, et il en est de ce genre de discussion comme de tous les autres. Après avoir long-temps raisonné ou déraisonné, on garde sa façon de penser, parce que l'amour-propre veut qu'elle soit la meilleure.

« J'ai été hier aux Français, dit ma-
» dame Du Perron, et j'y ai entendu un
» ouvrage fort extraordinaire. Le su-
» blime y est mêlé au langage des halles.
» Le théâtre doit grandir les situations,
» et j'ai vu des positions mesquines à

» côté de meurtres peu motivés, et par
» conséquent révoltans. — Hé! Madame,
» c'est le genre à la mode, c'est du ro-
» mantisme. — Le romantisme! le ro-
» mantisme! on en parle partout, et je
» ne l'ai pas encore entendu définir. Mon-
» sieur Henri, qu'est-ce que le roman-
» tisme. — Madame, c'est l'absence du
» génie, du goût et du jugement. —
» Le vôtre est sévère ; mais permettez-
» moi de vous faire observer que me
» dire ce que le romantisme n'est pas
» ne m'apprend pas ce qu'il est.

» — Permettez-moi, Madame, de re-
» prendre les choses de très-haut.
» L'homme, sortant de la barbarie, se
» civilise peu à peu, et les arts sont les
» enfans de la civilisation. Ils sont pous-
» sés, peu à peu encore, par des êtres
» privilégiés, au degré de perfection au-
» quel il nous est donné d'atteindre.

» Mais vous savez, Madame, que tout
» ce qui a crû doit décroître. Après
» Corneille, Racine et Voltaire, la dé-
» cadence a commencé. Des ouvrages
» médiocres ont paru sur la scène. En-
» fin, il s'est élevé une secte qui, par le
» désespoir de pouvoir marcher sur la
» route ouverte par nos grands génies,
» a osé dire tout haut qu'ils n'étaient
» que des têtes à perruque. On aurait
» pu leur répondre qu'une de ces perru-
» ques-là suffirait pour écraser leur fai-
» ble cerveau.

» Le Français aime la nouveauté, et
» la foule s'est portée à la représentation
» d'ouvrages du genre nouveau. Peu
» d'applaudissemens et des sifflets ont
» indiqué ce que pense le public de ces
» monstruosités. Quand vous verrez un
» ouvrage mal conçu, mal lié, mal écrit,
» marchant par secousses, une rapsodie

» enfin, vous pourrez dire, sans courir
» le risque de vous tromper trop : c'est
» du romantisme. Mais il faut dire cela
» tout bas, surtout au parterre. Cette
» secte a des séides, des jeunes gens dé-
» voués, fanatisés, des énergumènes,
» qui ne se feraient pas scrupule d'étouf-
» fer un opposant sous les banquettes.
» D'ailleurs, l'extrême facilité du genre
» les séduit, et ils espèrent bien figurer
» à leur tour sur la scène dégradée. Ce
» sont des oiseaux de nuit qui se cache-
» ront quand la lumière reparaîtra. —
» Je vous entends, monsieur Henri. Une
» rapsodie est du romantisme ; je n'ou-
» blierai pas votre définition. Ainsi j'ai
» vu hier un drame romantique. — Vous
» avez pu remarquer, Madame, un sou-
» rire moqueur, méprisant, faire sou-
» vent justice de ces niaiseries. Cela
» prouve que la supériorité que s'est

» arrogée la sottise sur le génie ne peut
» être de longue durée. »

Il régnait sur toute la France une fermentation sourde, qui occupait tous les esprits. On ne cessait de parler politique que pour se reposer, se rafraîchir l'imagination. Ainsi de la solidification de l'eau, et du romantisme on revint à la politique.

On parla du discours d'ouverture de la chambre des députés ; on en critiqua les bases, ce qui n'était pas difficile. On s'occupa de l'adresse qui devait y répondre, ce qui n'était pas aisé à prévoir. Chacun fit son adresse, et soutint qu'elle émettait les seuls principes que la chambre dût adopter. Voilà donc cinq adresses improvisées dans le seul salon de M. Henri. Supposons dix mille salons dans Paris, et dix mille adresses tout-à-fait différentes par cinq personnes, et qu'on s'étonne, après cela, de voir la chambre user quinze jours pour fondre trois à quatre cents opinions dans un seul écrit.

Les députés étaient d'accord sur le fonds. La grande difficulté était de dire la vérité dans des termes assez respectueux pour ne pas blesser un monarque qu'on devait renvoyer quelques mois après. Cependant, comme il faut des mots propres pour exprimer des idées positives, il fut arrêté qu'on déclarerait tout simplement, à sa majesté chancelante, que la nation et elle ne s'entendaient plus.

Déjà on parlait de maisons incendiées, dans l'ancienne province de Normandie; des poursuites des magistrats contre les incendiaires, tous gens étrangers au pays; de l'opiniâtreté du silence des accusés, qui semblait tenir du fanatisme;

de la nécessité de les remettre en liberté, faute de preuves, que la magistrature ne put ou ne voulut pas se procurer. « Oui, » oui, c'est du fanatisme, s'écria le co- » lonel, et du fanatisme jésuitique. Ils » ont brûlé l'appentis du serrurier, et à » présent ils travaillent en grand; ils » brûlent des villages. Si on pouvait les » brûler à leur tour !

» Mais quel est le but caché qui les » pousse au crime ? espèrent-ils trouver » dans chaque chaumière un sujet pro- » pre à faire un jésuite distingué ? Ven- » trebleu ! je m'y perds. »

Trois jours après, on parla de la dissolution, c'est-à-dire de la suppression de la chambre des députés, qui avait osé dire une vérité au roi. On acquit la conviction que le ministre de l'intérieur avait ordonné aux préfets d'éloigner, des lieux des nouvelles élections, certains patriotes qu'on aurait voulu exterminer; d'y introduire de faux électeurs, pour s'assurer une majorité; enfin, le comble de ces mesures liberticides était dans l'injonction faite à tous les employés de voter dans le sens des ministres, à peine d'être destitués. La conservation d'une ombre de charte était arrêtée, jusqu'au temps où on pourrait s'en passer. Il est plus que vraisemblable qu'alors on jetterait de côté et la chambre et la charte, et qu'il n'y aurait plus en France, entre le prince et la nation, que les sicaires chargés de l'exécution des ordonnances du despote, despotisme plus cruel que celui de Louis XIV et de Louis XV, qui du moins était comprimé, jusqu'à certain point, par les parlemens. On croyait enfin arracher, par l'astuce, par la violence, une chambre servile et dévouée, qui consacrerait les plus révoltantes usurpations. Mais la France était éveillée.

Que faisaient nos enfans, pendant qu'on parlait politique? Robert donnait la plus grande attention à ce qu'on disait. Il était appuyé sur son dictionnaire, et lorsqu'il entendait un mot avec lequel il n'était pas familiarisé, il se hâtait de le chercher. Mes chers enfans, je vous conseille de faire comme lui. Henri et Edmond commençaient à entendre la marche du jeu d'échecs, et bien gravement, et bien ou mal, ils faisaient leur petite partie. « Échec au roi, s'écria tout
» à-coup Edmond. — Oui, répondit le
» colonel, échec au roi, et le plus rude
» de tous les échecs. » Il n'entendait rien au jeu qui occupait les deux jeunes gens, et il voulut bien attribuer à leur patriotisme une exclamation qui lui était étrangère. Les dames rirent beau-

coup de sa méprise, et il ne se déconcerta point. « Je vous le répète, Mesda-
» mes, échec au roi! échec au roi! »

Un autre jour, on s'aborda en se demandant des nouvelles. Cette question, substituée aux complimens d'usage, annonce la fermentation de toutes les têtes. Les colléges électoraux étaient convoqués, et on s'efforçait de deviner quelle serait la composition de la nouvelle chambre. Après avoir épuisé ce sujet, on revint aux incendiaires qui continuaient de dévaster deux ou trois départemens. Le colonel voyait toujours bien, quand il ne consultait que son jugement. « Voici ce que je pense, dit-il. Si ces co-
» quins-là n'étaient pas chèrement payés,
» et s'ils ne se sentaient fortement sou-
» tenus, non-seulement ils ne se seraient
» pas rassemblés, mais ils se fussent dis-
» persés aux premières mesures de ri-

» gueur qu'a prises la magistrature. Le
» gouvernement s'appuiera sur les crimes
» qu'il ordonne pour rétablir les cours
» prevôtales, et leur livrera, non les
» incendiaires, mais les chefs influens du
» parti constitutionnel. — Je crois que le
» colonel a touché le but. — Je le crois
» aussi. — Moi de même.

» Messieurs, Messieurs, dit madame Du
» Perron, j'ai la tête fatiguée de conjec-
» tures et de raisonnemens. Parlons
» d'autre chose. Voltaire, dit-on, avait,
» dans son cabinet, cinq à six pupitres,
» et quand il était las de travailler sur un
» sujet, il prenait une tasse de café, et
» passait à un autre pupitre. Imitons le
» grand homme ; délassons-nous en
» changeant de sujet. — Ma foi, Mes-
» sieurs, ma femme a raison. Voyons,
» de quoi parlerons-nous ?—Je n'en sais
» rien. — Ni moi. — Ni moi. — Ni moi.

» M'y voilà, dit madame Henri. Mon
» mari a détruit le système de la solidi-
» fication de l'eau; mais il ne nous a pas
» dit comment s'opère leur diminution,
» et elle est incontestable, puisque le
» savant Robert a prononcé que dans
» huit ou dix mille ans il n'y en aura plus.
» Madame se moque de moi, répondit
» Robert, et il ajouta galamment : Je suis
» fort aise de lui être bon à quelque
» chose. » Madame Henri embrassa tendrement le jeune homme, et son mari prit la parole.

« Mesdames, je suis remonté très-
» haut, quand nous avons parlé du ro-
» mantisme. Il faut maintenant que je
» remonte à l'origine des choses... —
» Ah! mon Dieu! l'origine de tout ce qui
» existe! Comme cela ressemble à l'éter-
» nité! — Il n'y aura pas là le mot pour
» rire. — Non, sans doute, Madame.

» Mais en admettant que ce que je vais
» vous dire soit une hypothèse, une sup-
» position, le rêve, du moins, ne sera pas
» sans intérêt. — Commencez, Monsieur;
» nous sommes prêtes à rêver avec vous.

» — Lorque la terre était une boule
» enflammée... — Comment! la terre a
» été un petit soleil? — Ah! voilà qui est
» extraordinaire, par exemple. — Mon-
» sieur Henri, quelles preuves avez-
» vous de cela? — Vous les avez sous les
» yeux, comme moi. Vous avez trouvé
» partout des roches calcinées, lancées
» au hasard par les violentes secousses
» du feu inférieur; vous avez pu remar-
» quer qu'elles sont retombées, sans or-
» dre, sans arrangement, et qu'elles sont
» restées, par l'effet de leur pesanteur,
» dans la position où leur chute les a
» placées. — C'est vrai, c'est vrai, et sans
» chercher plus loin, on trouve beau-

» coup de ces roches-là sur la route de
» Paris à Fontainebleau. — Vous ne dou-
» tez pas qu'il existe des volcans, et vous
» avez lu qu'on en a trouvé d'éteints sur
» beaucoup de points du globe. — Nous
» avons lu cela, sans doute. — Eh bien!
» Mesdames, ces roches, ces volcans,
» brûlans ou éteints, sont les restes de
» l'embrasement général, qui tenait la
» terre en fusion au moment où elle s'é-
» chappa du soleil. — Quoi, Monsieur!
» notre terre serait une évacuation du
» soleil? — C'est l'avis de M. de Buffon,
» et son opinion en vaut bien une autre.
» — Sans doute; mais comment cela a-
» t-il pu se faire?

» — M. de Buffon n'explique pas la
» chose d'une façon très-satisfaisante;
» mais il est constant que nous trouvons,
» à chaque pas, des traces d'un embra-
» sement universel. — A la bonne heure.

» Autant vaut ce rêve-là qu'un autre.
» Continuez, s'il vous plaît. — A l'épo-
» que de l'embrasement général, l'hy-
» drogène et l'oxigène... — Oh! faites-
» nous grâce de vos mots scientifiques :
» nous ne les entendons pas. — Je vais
» vous les traduire par des périphrases.

» L'hydrogène est le principal géné-
» rateur, ou principe de l'eau. On extrait
» l'hydrogène du charbon de pierre, et
» on le convertit en gaz inflammable,
» qui s'allume par le contact de l'air. —
» J'y suis, j'y suis. Quand j'entre le soir,
» dans un café, dans une boutique,
» c'est l'hydrogène qui m'éclaire.—C'est
» cela, Madame, et il est aussi un des
» principes constituans des végétaux et
» des animaux.

» Le caractère de l'oxigène est d'attirer
» et d'être fortement attiré. L'effet de
» la combinaison ou du mélange de ces

» deux substances est la production de
» l'eau.—Bah! quand je prends un verre
» d'eau à la glace, qui me fait tant de
» plaisir, c'est donc de l'hydrogène et
» de l'oxigène que je bois?—Précisé-
» ment, Madame.—Voilà qui est drôle.

» — Mais tant que ces deux substan-
» ces, poussées en sens divers, et à une
» hauteur incalculable, par l'action du
» feu qui brûlait la terre, ne purent se
» combiner ensemble, l'eau n'exista pas.
» Cependant la surface du globe s'étei-
» gnit et se refroidit peu à peu. Alors
» l'immense quantité d'hydrogène et
» d'oxigène qui circulait dans l'espace,
» ne trouvant plus d'obstacle à leur réu-
» nion, s'attirèrent, se combinèrent,
» et tombèrent, en torrens d'eau, sur la
» terre, qui en fut entièrement couverte.
» Ce globe, amolli, ne put opposer qu'une
» faible résistance aux courans qui s'éta-

» blirent à sa surface, et qui, petit à petit
» encore, formèrent les montagnes.

» Plus tard, les cimes des plus hautes
» montagnes se découvrirent, et furent
» autant de petites îles, qui, toujours
» peu à peu, devinrent fertiles et pro-
» duisirent des plantes et des animaux.
» — Arrêtez, monsieur le savant; je crois
» que je vous tiens. Qu'est devenu le
» volume d'eau qui couvrait la cime de
» ces montagnes ? Très-certainement,
» elle ne s'est pas solidifiée en entrant
» dans la composition des animaux et
» des végétaux, qui n'existaient pas en-
» core. — Il m'est facile, Madame, de
» répondre à votre objection. Il est con-
» stant que l'eau occupe plus d'espace,
» dans l'intérieur de la terre, que les feux
» souterrains, dont le volume et l'acti-
» vité diminuent insensiblement. Les
» feux primitifs, en bouleversant tout,

» ont formé des cavités immenses, où les
» eaux se sont précipitées, et peut-être
» est-ce à leur action qu'est due, en
» partie, la diminution du feu central.
» Nous avons beaucoup de sources d'eau
» chaude. Très-certainement elles coulent
» à la proximité de ce qui existe encore de
» ce feu intérieur. Qu'on creuse des puits,
» plus ou moins profonds ; toujours on
» trouve de l'eau, et jamais de feu. Cela
» ne justifie-t-il pas ce que je viens de
» vous dire ? Je vous répète que l'eau oc-
» cupe plus d'espace que le feu dans
» l'intérieur de la terre, et que c'est une
» des causes de sa diminution qu'on a
» remarquée à la surface du globe.

» Mais, dit madame Henri, je suis
» frappée d'une réflexion qui m'inquiète.
» Nous respectons un homme dont l'il-
» lustration date de mille ans, et nous
» mangeons, sans scrupule, des poissons

» dont la race est infiniment plus an-
» cienne. Madame Du Perron, plus de
» poissons sur nos deux tables. Rendons
» hommage, par notre réserve au moins,
» à la haute antiquité de nos ancêtres.
» — Ancêtres, tant qu'il vous plaira,
» ma chère amie. Si je ne les respecte
» pas, je les aime beaucoup. Champagne,
» servez-nous le turbot. Oui, oui, reprit
» madame Robert; fêtons sans scrupule
» un des descendans de nos aïeux. Que
» celui-ci est beau ! qu'il est frais !—Mes-
» dames, ni Alexandre, ni César n'é-
» taient aussi appétissans.

» — Ah ça! M. Henri nous a assez bien
» expliqué comment s'est opérée la di-
» minution primitive des eaux. Mais
» comment diminuent-elles, maintenant
» que les cavités de la terre en sont plei-
» nes ?— Vous ne nierez pas, je l'espère,
» Mesdames, que le pôle nord de la

» terre a dû se refroidir, lorsque la zône
» torride était encore toute de feu. Ce
» pôle a donc été la première partie du
» globe habitée. Après bien des siècles,
» le froid a commencé à s'y faire sentir,
» et ses habitans se sont jetés à main
» armée sur l'Asie, dont la température
» douce et bienfaisante leur offrait toutes
» les jouissances que prodigue une na-
» ture riche. Voilà le commencement de
» l'histoire des émigrations des hommes
» du nord vers les contrées méridio-
» nales.

» Plus tard, ce pôle se chargea de
» glaces, et peut-être couvrent-elles au-
» jourd'hui des contrées jadis civilisées
» et florissantes. La mer glaciale se forma
» et s'étendit. Il est reconnu que le vo-
» lume des glaces augmente sans cesse,
» et que le soleil n'a plus la force d'en
» dissoudre une parcelle. On a fait la

» même remarque sur les hautes monta-
» gnes de la Suisse. A la vérité, de grands
» fleuves s'échappent de leur base; mais
» à mesure que la chaleur centrale di-
» minuera, leurs eaux seront moins
» abondantes, et il est assez vraisembla-
» ble que dans huit ou dix mille ans la
» plus grande partie de l'Europe ne sera
» qu'un glaçon. — Mais, monsieur le
» savant, que deviendrons-nous quand
» la zône torride sera gelée? — Rassu-
» rez-vous, Madame. Il y aura long-temps
» que nos derniers descendans auront
» cessé d'exister ; mais il est vraisembla-
» ble que les ours blancs seront les der-
» niers habitans de la terre.

» — Je crois, M. Henri, que vous
» pourriez bien avoir trouvé les vraies
» causes de la diminution des eaux. Mais
» vous avez fini par nous offrir un ave-
» nir affligeant. — Eh! Mesdames, reprit

» le colonel, au lieu d'écouter ces belles
» choses-là, j'ai fêté le turbot, que sa
» race soit antique ou nouvelle, et je
» l'ai arrosé d'excellent vin de Côte-Rôtie.
» Il ne gèle pas encore l'été dans ce vi-
» gnoble-là. »

Pendant que M. Henri parlait, son fils et Edmond caressaient, de très-près, une charlotte russe, et Robert prenait des notes au crayon. Des aperçus d'une science, nouvelle pour lui, venaient de s'offrir, et il comptait bien engager son instituteur à l'initier dans les secrets de la grande nature.

« Chantons, chantons, se dirent les
» dames, et que ce soient des choses
» gaies. Un chant mélancolique ajoute-
» rait à la tristesse dont le prophète
» Henri nous a pénétrées. » Madame Du Perron court à son piano. On chante d'abord, avec le soin qu'inspire l'amour-

propre; bientôt on danse en chantant;
on se mêle, on se croise, on se heurte,
on rit, et, au moment de se séparer, on
ne pense plus à l'extinction de l'espèce
humaine, ni aux derniers héritiers de sa
puissance leurs altesses les ours blancs.
Ne danse-t-on pas tous les jours auprès
des ruines d'Herculanum, et au pied du
Vésuve, qui menace sans cesse de tout
engloutir?

Les besoins du jour sont toujours les
plus pressans. Bientôt les affaires politiques suspendirent le goût des sciences
et des arts. Chaque jour, on prenait son
journal; on applaudissait aux élections
populaires; on faisait la mine, quand la
ruse ou la fraude avait porté à la chambre future un membre partisan du despotisme. On eut enfin la certitude que
les amis de la liberté auraient à cette
chambre une immense majorité. Les

patriotes se réjouissaient; les royalistes éprouvaient les plus vives inquiétudes.

Les enfans, témoins des discussions politiques, qui s'ouvraient chaque jour chez M. Du Perron ou chez M. Henri, commençaient à comprendre que trente millions d'hommes ne sont pas nés pour les plaisirs d'un seul; que la liberté, établie sur les lois, doit être le patrimoine de tous, et que lorsque le prince méconnaît des droits sacrés, qu'il a solennellement juré de respecter, il faut l'écraser sous le poids des fers qu'il a forgés pour ses sujets.

En attendant les événemens, on continuait à s'amuser dans les trois familles.

La bonne madame Robert aimait assez la bonne chère, peut-être parce qu'elle en était habituellement privée. « Quel sens heureux que le goût! s'écria- » t-elle un jour, en fêtant un filet de

» chevreuil. Moi, je préfère le sens de la
» vue, répondit Robert; c'est à lui que
» je dois le bonheur de te voir. » Sa mère
l'embrassa tendrement : c'était bien naturel.

« Pour moi, reprit madame Du Per-
» ron, je crois que le plus précieux de
» nos sens est l'ouïe. C'est à lui que nous
» devons les plus doux épanchemens;
» il est l'organe essentiel de l'amour
» maternel et de l'amitié; il est enfin le
» sens du cœur.

» Je pense comme vous, Mesdames,
» continua madame Henri. Mais, par
» grâce, ne dédaignez point l'odorat.
» Lorsque, dans une promenade solitaire,
» nous nous livrons à de douces pensées,
» et que, tout à coup, nous sommes frap-
» pés par l'odeur de l'aubépine, de la
» tubéreuse, un charme nouveau se ré-
» pand autour de nous; nos idées de-

» viennent plus riantes; nos jouissances
» plus intimes. Voyons, M. Henri; à
» quel sens donnez-vous la préférence?
» — Mesdames, je vais vous étonner.—
» Ce ne sera pas la première fois. Parlez,
» parlez librement; mais plus de pro-
» phéties. Donnez-nous du positif. —
» Vous désirez savoir quel est le sens
» que je préfère? Eh bien! Mesdames,
» je n'en connais qu'un. — Comment
» vous n'en connaissez qu'un! — Oui,
» Mesdames, et c'est le toucher. — Oh!
» oh! — A la preuve, s'il vous plaît.

» — Comment un mets vous flatte-t-il?
» C'est en *touchant* les houpes nerveuses
» de votre palais, c'est-à-dire la partie
» supérieure du dedans de votre bou-
» che.

» Vous avez, dans le fond de l'œil,
» une membrane qu'on appelle rétine.
» Fermez les yeux et vous ne verrez rien.

» Ouvrez-les; les objets extérieurs viendront s'y peindre, en se mettant en contact avec la rétine. N'est-ce pas encore là le toucher ?

» Mes jeunes amis, vous avez joué du tambour autrefois. Votre caisse ne rendait de sons que lorsqu'elle était frappée par la baguette. Nous avons, dans le fond de l'oreille, une pellicule, tendue comme la peau de votre caisse. Le bruit extérieur la frappe, et elle vous le rend sensible. Voilà encore le toucher.

» La membrane pituitaire est une autre pellicule, placée dans la partie intérieure et supérieure du nez. Quand vous prenez votre haleine, les émanations, douces ou désagréables, qui sont répandues partout, attirées par l'air que vous pompez, frappent votre membrane pituitaire. Voilà ce que vous

» appelez l'odorat, et ce qui n'est réelle-
» ment que le toucher. Ainsi c'est à lui
» seul que se borne ce que vous voulez
» bien appeler des sens.

» — Mais mon cher Henri, vous êtes
» désolant. Vous simplifiez tout de ma-
» nière à ne nous rien laisser. — Mes-
» dames, je ne vous ôte aucune de vos
» jouissances; qu'avez-vous à me repro-
» cher? Nous ne différons que sur les
» noms à donner aux causes qui vous
» les procurent. Continuez à jouir, et
» appelez ces causes comme vous le vou-
» drez. »

On en était là, et on allait probablement traiter un autre sujet, quand on
entendit crier dans la rue: Voilà la grande
ordonnance du roi qui dissout la nouvelle chambre.

Il était fort égal au colonel d'avoir
cinq sens, ou de n'en avoir qu'un.

Aussi n'avait-il pris aucune part à la conversation. Mais lorsqu'il entendit le crieur public, il fit un saut qui ébranla le parquet. « Dissoudre une chambre qui
» n'est pas encore assemblée ! c'est casser
» les élections ! c'est marquer le plus
» grand mépris pour les députés, pour
» les électeurs, pour la nation ! c'est violer
» ouvertement le serment prononcé à la
» cérémonie du sacre ! Eh ! croit-il que
» nous soyons obligés à tenir le nôtre,
» lorsqu'il foule le sien sous ses pieds ?
» Je vois bien où on veut nous mener.
» Mais je suis français, et vingt millions
» de Français pensent comme moi. Ils
» sont là cinq à six têtes qui, de temps
» immémorial, font la chasse aux peu-
» ples. Le temps viendra, je l'espère, où
» les peuples feront la chasse aux rois.
» J'ai de l'humeur, beaucoup d'humeur.
» Il vaudrait autant être au règne des

» ours blancs, dont nous parlait le pro-
» phète Henri.

» — Colonel, le prophète Henri, puis-
» que vous me nommez ainsi, n'est pas
» plus sorcier qu'un autre, et il n'exige
» pas qu'on croie à ses prophéties, qui
» peuvent n'être pas de la plus grande
» justesse. Cependant il peut donner un
» exemple, que vous avez tous les jours
» devant les yeux, des vérités générales
» qu'il a avancées.

» — Eh! que m'importe, monsieur, ce
» qui se passera dans sept à huit mille ans?
» C'est de demain, c'est d'aujourd'hui qu'il
» est question. Eh! colonel, dit bien dou-
» cement madame Du Perron, nous ne se-
» rons pas plus malheureux qu'on le fut
» sous le règne de Louis XIV. Il était ab-
» solu; ses maîtresses, sa passion de bâtir,
» ses guerres ruinèrent la France. Cepen-
» dant on était gai, et on se vengeait du roi

» et de ses ministres par des chansons.
» — Oui, madame; mais les auteurs et
» les chanteurs étaient envoyés à la Bas-
» tille et à Bicêtre. D'ailleurs, je ne suis
» pas plus du règne de Louis XIV, que
» je ne serai de celui des ours blancs de
» M. Henri. »

Le colonel se promenait à grands pas dans le salon. Il frappait du pied; il regardait le plafond; il serrait les poings; son œil était étincelant. Il semblait s'occuper de vastes projets. Il n'était plus à la conversation.

Madame Du Perron s'avança vers M. Henri sur la pointe des pieds. Elle lui prit la main avec un sourire aimable, et le conduisit dans l'embrasure d'une croisée. « Je suis curieuse, mon cher pro-
» phète. Revenons à cet exemple, dont
» vous parliez tout à l'heure, et que j'ai,
» dites-vous, devant les yeux.—Regardez

» la lune, madame. — Plus bas, M. Henri,
» plus bas. Ne heurtons pas le colonel.—
» Regardez la lune, vous dis-je. — Mais
» je n'y vois rien de changé. — Pour-
» quoi la voyez-vous nette et brillante?
» — Parce que notre atmosphère est dé-
» gagée des nuages qui nous la dérobent
» souvent. — Et pourquoi, quand notre
» atmosphère est pure, la voyez-vous
» constamment dans le même état? —
» Vous allez me le dire. — C'est parce
» qu'aucun nuage ne s'élève de la lune.
» Donc il n'y a pas d'eau dans ce globe,
» ou, s'il y en a eu, ce qui est très-vrai-
» semblable, elle est entièrement con-
» vertie en glace. L'eau bouillante qu'on
» vous présente dans votre grande cafe-
» tière est plus de temps à se réfroidir
» que celle qu'on vous apporte quelque-
» fois dans un vase plus petit. — Cela est
» incontestable.—Or, la lune, infiniment

» plus petite que la terre, doit être re-
» froidie depuis des milliers de siècles, et
» n'être plus qu'un corps glacé. — Oh!
» si on vous laisse aller, il n'y aura plus
» là haut que des soleils et des ours
» blancs. — Ma foi, madame, j'en ai
» peur.

» — M. Du Perron, vous avez deux
» fusils de chasse. — Oui, colonel. —
» Faites-moi le plaisir de me les prêter.
» — Qu'en voulez-vous faire ? — Vous
» me le demandez, et vous êtes français !
» — Vous pensez à vous battre ? — Et en
» déterminé. Je défendrai vos droits, les
» miens, et ceux de vos enfans. — Et qui
» vous a dit, colonel, que M. Henri et
» moi ne nous battrons pas, si les cir-
» constances l'exigent ? — Bravo, bravo,
» mes amis. Si l'on nous pousse à bout,
» ce qui est facile à prévoir, on entendra
» parler de nous. — Vous serez notre

» commandant. — De tout mon cœur.
» M. Henri et vous êtes chasseurs ; vous
» n'avez pas besoin d'apprendre à manier
» un fusil. Mais ces enfans... — Oh! grâce,
» grâce pour Edmond. — Grâce pour
» Henri. » On sent bien qu'ici ce sont les deux mères, qui tremblent pour leurs enfans. Madame Robert regardait son mari d'un air suppliant, qu'il feignait de ne pas voir. Robert prit la parole :
« Tarquin abusa de son autorité, et les
» Romains, conduits par Junius Brutus,
» le chassèrent de Rome. Mon père,
» vous serez Brutus, et je me montrerai
» digne d'être votre fils. » Le colonel le pressa tendrement contre son cœur.

« Robert, il est inutile d'apprendre à
» faire un à droite, un à gauche, et à
» marcher aligné. Il faut savoir charger
» un fusil, et tirer juste. Prends cette
» arme... »

La leçon fut longue; le père était patient, et le fils plein d'ardeur. Edmond et Henri regardaient, écoutaient avec une attention que rien ne pouvait déranger. Le père et le fils se reposèrent enfin. Edmond et Henri prirent les deux fusils, et répétèrent assez bien le maniement des armes. « C'est fort bien, dit
» le colonel; mais ce n'est pas tout.
» Il faut s'accoutumer aussi à tirer un
» coup de fusil sans fermer les yeux,
» et il est surtout nécessaire d'ajuster
» à ceinture d'homme. Descendons au
» jardin. »

Une feuille de papier est clouée à un arbre, et Robert tire pour la première fois de sa vie. Le coup porte par dessus le mur, le second laboure une plate-bande, le troisième frappe l'arbre auquel est attaché le papier. « Bien, mon
» fils, très-bien. » Une heure après, Ro-

bert pouvait tuer son homme à quarante pas de distance.

Henri et Edmond demandèrent en grâce qu'on leur permît de tirer aussi. Ils commencèrent et finirent comme Robert. La journée s'avançait ; mesdames Henri et Du Perron renvoyèrent leurs enfans au collége. Champagne était chargé d'une lettre qui recommandait fortement au proviseur de ne pas les laisser sortir, sous quelque prétexte que ce pût être.

« Monsieur Du Perron, vous avez du
» plomb de chasse..... — Et même des
» chevrotines. — Prêtez-moi vos mou-
» les, et je passerai la nuit à couler des
» balles. »

On se sépara enfin, et le colonel mit à l'ouvrage. Mesdames Du Perron et Henri parlèrent modération à leurs maris ; elles leur représentèrent qu'ils devaient vivre pour elles et pour leurs enfans. Ces Messieurs promirent tout ce qu'elles voulurent ; mais le soir même, M. Du Perron envoya Champagne prendre un fusil à deux coups chez son arquebusier, et le fit cacher dans une espèce de grenier. M. Henri avait le sien.

Le 25 du mois de juillet 1830 jaillit du sein de l'éternité, jour à jamais célèbre par l'audace aveugle du souverain, et l'extrême médiocrité des ministres, qui ne connaissaient pas le peuple français. Ils comparaient celui de Paris à ce chien docile, couché sur sa chaîne, grognant à peine au maître qui le pousse du pied, léchant la main qui s'approche pour serrer son collier. Le réveil devait être terrible pour les oppresseurs.

Le 26, un rapport des ministres qui poussent le roi à anéantir ce qui reste de libertés à la France, des ordonnances conçues dans le même sens, sont rendues publiques. Hélas ! j'ai vu dans le cabinet du roi coupable la table ronde, couverte d'un tapis vert, sur laquelle il signa les actes de sa déchéance.

Au premier bruit de ces actes liberticides, une clameur menaçante s'éleva de toutes parts. « Voici le jour de la » vengeance, s'écria le colonel ; le voici, » ce jour si long-temps appelé. » Et il court au Palais-Royal ; il parle, il interroge, il répond. Il trouve des hommes dignes de lui. Il prend des journaux ; des écrivains immortels appellent le peuple à l'insurrection, et à la conservation de ses droits. « Demain, se dit-il, » ils porteront leurs têtes sur l'échafaud, » si les Parisiens ne se lèvent pas. Ils se lè- » veront. » Il rentre dans les allées du Palais-Royal, et il ne balance pas à exciter le peuple à prendre les armes. Il exaspère les hommes courageux ; il anime ceux que semble retenir la prudence ou la timidité.

Des patrouilles de gendarmes se présentent devant les groupes et les dispersent par la force. « Vous nous reverrez, » dit le colonel en se retirant.

Ce qu'il avait fait au Palais-Royal se répétait dans tous les quartiers de Paris. Partout on cherchait des armes ; partout on brûlait de s'en servir.

Le mardi 27, à huit heures du matin, des enfans parcourent toutes les rues, et brisent les réverbères : on allait avoir à combattre des gardes royales de toutes les armes, et il fallait, dans cette lutte inégale, s'assurer, à la faveur des ténèbres, le repos de la nuit. Des hommes vigoureux arrachent les pavés des rues ; ils en forment des barricades, qui arrêtèront la marche des troupes réglées. Ils garnissent de ces pavés les étages supérieurs des maisons ; c'est de là que la mort écrasera ceux qui auront pu franchir les barricades.

Le colonel sort de chez lui, la tête haute, la poitrine effacée, le jarret tendu, beau comme la révolution qui commence à rugir. Il est armé de son redoutable fusil. Son fils marche à côté de lui. « Viens, lui dit-il, apprendre à mourir » ou à conquérir la liberté. » Il porte la main sur le cœur du jeune homme ; il le trouve calme. « C'est bien, mon fils ; » je suis content de toi. »

Madame Du Perron pousse un profond soupir, en les voyant descendre vers le pont Neuf. Elle fait fermer à double tour la porte de la rue ; elle s'empare de son mari ; elle lui proteste qu'elle ne le quittera pas d'un instant

M. Du Perron veut sortir ; il descend. Sa femme est sur ses pas. « Je te suis, » lui dit-elle. Voyons si tu me conduiras » au milieu des coups. » M. Du Perron laisse tomber sa tête sur sa poitrine ; il remonte tristement ; sa femme s'enferme avec lui dans son appartement.

Madame Henri s'est conduite, à peu près, de même à l'égard de son mari. La tendresse conjugale a paralysé des bras qui pouvaient être utiles dans la lutte qui allait s'ouvrir. Pardonnons-leur; mais célébrons des héros.

Toute la gendarmerie de Paris est sous les armes. Des régimens français et suisses de la garde royale descendent vers la rue Saint-Honoré. Le sang va couler, et les Parisiens, mal armés, sans munitions, sans chefs, sans plan de défense, sont déterminés à prodiguer leur vie.

Les députés, nouvellement élus, se

sentent dignes de seconder l'élan populaire. Ils se rassemblent ; ils protestent, au nom de la nation, contre les ordonnances liberticides. Ils ont signé l'arrêt de leur mort, si le despote n'est renversé.

Les élèves de l'école Polytechnique, qui se montrent les premiers dans les momens de crise, ceux des écoles de Médecine et de Droit, se rassemblent à l'Odéon. Des ouvriers, des bourgeois y attendent des chefs. Les pelotons se forment; on cherche des armes ; on en trouve de mauvaises. « N'importe, dit » un élève de l'école Polytechnique; ces » armes seront mortelles dans les mains » d'hommes comme vous. En avant. »

Le colonel était enveloppé dans sa grosse veste du matin ; mais il n'avait pas fait cent pas que ceux qui l'entouraient reconnurent un homme digne de

les commander : « Je vais vous donner,
» leur dit-il, des fusils et des cartouches.
» Suivez-moi. »

Ils arrivent au poste de gendarmerie, établi à l'entrée du marché Saint-Germain. Ils trouvent vingt hommes, en bataille devant le corps-de-garde. Le colonel se précipite. Son fils et sa troupe le suivent. Les gendarmes apprêtent leurs armes; ils vont faire feu; ... ils n'en ont pas le temps. Serrés de toutes parts, renversés, foulés par des héros en guenilles, leurs armes ne sont plus à eux.

Des coups de feu se font entendre dans le lointain. Le colonel et sa troupe passent le Pont-des-Arts. Guidés par le bruit des feux de pelotons, ils arrivent à la rue Saint-Honoré. Les charges des troupes royales étaient vives et multipliées. Des jeunes gens des trois écoles, des hommes de toutes les classes, de toutes les professions, quelques gardes nationaux bravaient et recevaient la mort.... Le colonel et sa troupe paraissent. Ils tirent, presque à bout portant; ils s'élancent, la baïonnette au bout du fusil. Les troupes royales ne peuvent se développer dans une rue. Français et Suisses sont renversés les uns sous les autres; ils sont contraints à se retirer en désordre. Les Parisiens conservent leur position.

Déjà le colonel et son fils avaient été remarqués. Robert, collé au coude de son père, avait tiré trente coups, et presque tous avaient porté. Il n'avait que quinze ans.

La nuit vint. Elle donna aux Parisiens le temps de se reconnaître et de s'organiser. Elle permit aussi aux fauteurs du despotisme de faire entrer de nouvelles troupes dans Paris. La journée du lendemain devait être terrible.

Les scènes de la rue Saint-Honoré s'étaient répétées dans plusieurs quartiers de Paris. On avait perdu du monde ; mais on s'était saisi des armes des soldats morts ou blessés. On en avait trouvé dans différens dépôts. Des femmes faisaient des cartouches ; dans toutes les maisons, on préparait de la charpie. Chacun était acteur dans la grande crise qui allait continuer au lever du soleil.

De toutes parts, on apportait des vivres aux soldats de la liberté. Ils se montrèrent dignes, par leur tempérance, de la cause qu'ils défendaient. Le tyran jésuite avait fait distribuer de l'argent à ses troupes ; mais elles manquaient de pain. La disette, à la suite d'une journée et d'une nuit pénibles, ajoutait à la tristesse des idées que faisait naître une résistance opiniâtre, à laquelle les royalistes ne s'étaient pas attendus.

Au point du jour, un cri général se fit entendre : *Vive la charte! vive la liberté!* A neuf heures, la mousqueterie commença à jouer sur plusieurs points, et le canon des troupes royales appela tous les Parisiens au combat.

Les détonations répétées pénétrèrent dans l'enceinte du collége de Henri IV. Edmond et Henri se regardaient d'un air abattu. Le bruit des armes; la fumée, que leur portait le vent; le tumulte, toujours croissant dans la rue, les tirèrent enfin de leur accablement: « Robert » se bat, Henri!—Il se bat, Edmond!— » Et il n'a qu'un an plus que nous.—Il » est notre supérieur dans les sciences. » — Pourquoi le serait-il en bravoure ? » —Edmond, as-tu du cœur?—Je crois » qu'oui. Et toi? — Moi, j'en suis sûr.—

» Eh bien! désertons, et cette fois-ci
» notre désertion sera louable. » Ainsi,
l'exemple de Robert leur était utile en
tout.

Mais comment sortir du collége? L'ordre donné au proviseur, par leurs parens, était positif. Mais ce chef, préoccuppé, comme tant d'autres, était incapable de s'occuper exclusivement de deux de ses élèves. Il ne pensait qu'à assurer la subsistance de tous, pendant une lutte qui pouvait durer long-temps encore. Une voiture, chargée de vivres, s'arrête à la porte cochère; les deux battans s'ouvrent. Edmond et Henri se glissent derrière les chevaux; ils se courbent; ils passent entre les deux roues; les voilà dans la rue.

Que vont-ils faire? où iront-ils? ils pensent à attaquer; ils n'ont pas même un bâton pour se défendre. A quelque distance d'eux, aux environs de l'Estrapade, sont deux régimens d'infanterie de ligne, braves régimens, qui ont positivement refusé de faire feu sur le peuple. Les deux enfans s'approchent des rangs, et supplient les soldats de leur prêter deux fusils: «Eh! mes jeunes » amis, vous n'avez pas encore assez de » force pour les manier. Descendez cette » rue, et vous y trouverez ce qu'il vous » faut. » C'était la rue Saint-Jacques.

Quelques lanciers de la garde, parfaitement montés, avaient franchi des barricades, et avaient poursuivi, avec acharnement, et la lance dans les reins, des bourgeois, des femmes, des enfans. Bientôt des pavés, lancés du haut des maisons, en avaient fait justice. Edmond et Henri les trouvèrent gisans sans vie; mais leurs armes étaient enlevées. Ils se plaignent, ils se désespèrent. Une vieille

femme les entend, elle ouvre sa porte.
« Mes enfans, voilà ce que vous cher-
» chez. » Elle leur donne à chacun un
mousqueton, et elle emplit leurs po-
ches de cartouches. « Allez, mes braves
» petits; battez-vous bien, et que le bon
» Dieu vous protége. »

Ils avaient appris, lors de leur course
à Saint-Denis, qu'il ne faut jamais voya-
ger sans argent. Ils étaient possesseurs
de quinze francs. Ils les donnèrent à la
bonne femme, en échange des armes
qu'elle venait de leur livrer, et on se
sépara, contens les uns des autres.

Ce qu'ils voyaient, ce qu'ils entendaient, était nouveau pour eux. Le dra-
peau tricolore était arboré sur une des
tours de Notre-Dame; le tocsin sonnait
à toutes les églises; un feu roulant de
mousqueterie, le bruit du canon leur
inspirait une sorte de terreur, inévitable

à cet âge. Nourris, comme Robert, de l'histoire grecque et romaine, ils se répétaient, pour s'encourager : « Curtius » se précipita dans un gouffre pour sau- » ver sa patrie. »

Ils étaient arrivés au pont Notre-Dame, et déjà on transportait des blessés dans différentes maisons, que des médecins, des chirurgiens, excellens patriotes, avaient transformées en hôpitaux. Ils traversent le pont, ils suivent le quai des Orfévres; les voilà au coin de la place de Grève. On s'y battait avec acharnement.

Leur dévouement ne les empêchait pas de sentir leur faiblesse et le danger. Ils filent le long des maisons, qui sont en face de l'Hôtel-de-Ville, l'arme haute, et le doigt sur la détente. Ils parviennent à la rue du Mouton; une allée se trouve ouverte; ils s'y jettent; ils y attendent le moment de servir la cause publique.

Une pièce de canon débouche de la rue de la Tixeranderie; elle est pointée sur la place de Grève ; elle menace un groupe de deux cents patriotes ; peut-être est-elle chargée à mitraille. Un canonnier s'approche, la mèche allumée, le bronze va vomir mort. Au porte-mèche, se disent tout bas les deux amis. Ils tirent... le canonnier tombe. Aussitôt un héros s'élance, il est suivi de tous les siens, la pièce est enlevée, tournée contre les suisses, le coup part, le pavé est jonché de morts et de blessés.

Quel est cet homme, dont le coup-d'œil sûr a si bien saisi le moment? C'est le colonel, c'est son fils, ce sont des braves du faubourg Saint-Antoine. Le colonel et Robert se battaient depuis le matin, sur des points différens, et toujours sur celui où le danger était le plus éminent : ainsi leur poste était alors sur la place de Grève.

Henri et Edmond se précipitent dans les bras de leurs amis. « Je n'aurais pas » été vous chercher au collége, leur dit » le colonel; mais puisque vous voilà, » soyez les bien-venus. Criez avec moi: » *La liberté ou la mort.* »

On continua à se battre jusqu'à la chute du jour. La garde royale, vaincue, profita de la nuit pour faire sa retraite. Elle se retrancha au Louvre, aux Tuileries, et dans quelques casernes.

Le lendemain, elle fut forcée dans tous ces postes, et, à chacun de ces combats, on remarqua le colonel et ses trois enfans, ainsi que les nommaient les braves qui ne les quittaient plus.

Un gouvernement provisoire s'était organisé pendant la nuit, et le 30, de grand matin, le duc d'Orléans fut proclamé lieutenant-général du royaume.

La cour, tremblante, avait aussi profité de la nuit, pour se réfugier à Rambouillet. Il lui restait une armée; mais ses soldats étaient affamés, et les habitans des communes environnantes leur refusaient un morceau de pain. Le gouvernement provisoire résolut d'en finir. Il demanda cinq cents hommes de bonne volonté à chaque municipalité, et une heure après, quarante mille Parisiens se jetèrent dans des fiacres, dans des voitures à six sous, dans des coucous, dans des carrosses. On remarquait, en tête de cette armée, le colonel et ses trois enfans, montés sur l'impériale d'un *omnibus.*

Ce roi, qui, quatre jours avant, comptait museler les Français, demanda pour toute grâce qu'on lui laissât la vie, et qu'on lui envoyât un sauf-conduit, pour qu'il se retirât en pays étranger. Le lieutenant-général du royaume pourvut à sa sûreté, et rappela l'armée patriote. Elle rentra, sans murmurer, dans les murs de la capitale. Les Parisiens savent vaincre; ils ne savent pas assassiner.

Le colonel, pendant les trois jours, s'était fait une réputation colossale dans Paris. Un aide-de-camp du lieutenant-général l'attendait à la barrière de la Conférence; il n'eut pas de peine à le trouver. Il avait demandé le brave des braves, et cent, deux cents, mille hommes le lui montrèrent. « Monsieur, lui » dit l'aide-de-camp, le lieutenant-géné- » ral veut vous voir, ainsi que vos en- » fans. — Monsieur, je vous suis. »

Ils arrivent au Palais-Royal, leurs habits déchirés, à demi brûlés, leurs figures noircies par la fumée de la pou-

dre. « Qui êtes-vous, Monsieur, qui vous
» battez si bien ? — Monseigneur, je suis
» le colonel Robert, à qui le roi jésuite a
» ôté son régiment, pour le donner à un
» marquis. — Je vous nomme maréchal-
» de-camp, et je vous mets en activité
» de service. Que puis-je pour ces enfans?
» — Monseigneur, celui-ci est mon fils,
» et je voudrais qu'il entrât dans l'artille-
» rie. — Je vous promets qu'il sera offi-
» cier d'artillerie, quand il aura passé
» par l'école Polytechnique. — Monsei-
» gneur, il n'a pas l'âge ; mais faites-le
» examiner par les professeurs de mathé-
» matiques les plus instruits. — Je le fe-
» rai, je vous le promets. Et ces deux
» petits-là? Que désirez-vous, vous au-
» tres? leur demanda le nouveau géné-
» ral. — Une sous-lieutenance de dra-
» gons, répondirent-ils ensemble. Oh!
» reprit Monseigneur, des officiers de
» treize à quatorze ans ! — Monseigneur,

» nous avons gagné un an dans chaque
» rue de Paris. — A ce compte-là vous
» êtes aussi âgés que moi. Allons, ac-
» cordé, accordé. » Un officier du prince
prit leur nom et leur adresse.

Ils sortirent tous quatre du Palais-Royal, bras dessus, bras dessous, escortés par ceux qui les reconnaissaient. Le nombre de leurs admirateurs grossissait à chaque instant, et leur entrée dans la rue de Tournon fut une espèce de triomphe.

Que devinrent leurs parens, qui les croyaient au collége, quand ils se présentèrent sous les guenilles des braves ! On aime beaucoup ces gens-là, et on est fier de ses enfans, quand ils ont mérité ce titre ; on est enchanté de les retrouver, surtout quand ils n'ont pas reçu une égratignure.

Huit jours après, les brevets, si impatiemment attendus, arrivèrent. Oh! il y eut une fête, mais une fête..... A la fin du dîner, un homme du ministère de l'intérieur apporta la nomination de MM. Henri et Du Perron à une préfecture. Ils embrassèrent tendrement leurs enfans, et leur dirent : « Nous n'avons » rien fait pour l'état. C'est à votre belle » conduite que nous devons les faveurs » du gouvernement. Au lieutenant-gé- » néral du royaume, s'écria le maréchal- » de-camp, en faisant sauter le bou- » chon d'une bouteille de vin de Cham- » pagne, et au diable les rois caffards ! »

L'affaire de Robert n'alla pas aussi vite. On fait en six mois un officier de dragons; il faut des années pour former un officier d'artillerie. Le lieutenant-général se connaissait en braves; mais il n'entendait pas qu'on dût à la faveur une admission dans un corps savant. Il avait promis au général Robert que son fils serait examiné, et il donna des ordres en conséquence.

Les plus instruits, les plus rigides des examinateurs furent convoqués le jour même où les brevets d'Edmond et de Henri furent expédiés. Ces deux enfans n'étaient plus à eux. Ils sautaient, ils gambadaient; ils envoyaient chercher le tailleur, le fourbisseur, le marchand d'épaulettes. Que cela est beau, une épaulette, surtout quand on l'a gagnée! Ils ne voulurent pas se coucher, que les mesures n'eussent été prises, que le reste n'eut été commandé, et que les fournisseurs ne leur eussent positivement promis de leur livrer le tout le lendemain.

Ils ne dormirent pas de la nuit. Peut-on dormir quand on doit endosser le lendemain un uniforme de dragon? Que de châteaux en Espagne se succédèrent pendant cette nuit d'espoir et de douces illusions! Robert ne dormit pas davantage : c'était la veille du jour où il devait subir l'examen le plus sérieux. Son orgueil ne permettait pas qu'il doutât de lui; mais il jouissait du triomphe qu'il allait obtenir. Être officier d'artillerie à quinze ans! Porter un habit qui atteste la science et la bonne conduite! Il y a là de quoi troubler le sommeil d'une tête plus âgée.

Il parut devant ses juges, sans jactance et sans fausse modestie. Il était très-réfléchi, nous le savons, et il avait étudié, pendant la nuit, sa pose, son geste et jusqu'aux inflexions de sa voix. Le calme de son maintien annonça un élève qui jouissait de tous ses moyens.

On commença cependant par lui proposer des questions très-simples. Sa vanité en fut blessée, et il ne put s'empêcher de sourire en les résolvant. Son assurance et la précision de ses réponses firent juger aux examinateurs qu'il était beaucoup plus fort qu'ils l'avaient supposé, et ils commencèrent à le pousser vivement. Toujours même clarté et même justesse dans ses solutions. On lui proposa enfin les problèmes les plus difficiles, et il obtint constamment les mêmes succès. Les examinateurs se regardèrent avec étonnement, et le fixèrent lui-même avec une sorte d'admiration. « Qui a été votre maître? lui demandè-» rent-ils enfin. — Mon amour pour ma » mère et M. Henri. » Cette réponse amena des explications, et les examinateurs levèrent la séance en s'écriant : « Heureuse la mère qui a un tel fils! »

On sent bien que le rapport de ces Messieurs fut aussi flatteur qu'honorable pour Robert, et dès le troisième jour il reçut son brevet.

Les fournisseurs d'Edmond et de Henri leur avaient tenu parole, ce qui n'arrive pas toujours. Ils savaient, qui ne le savait pas? qu'ils s'étaient battus comme de petits héros, et ils se faisaient un devoir, presque un honneur, de travailler pour eux. D'ailleurs, faire attendre des enfans de cet âge, n'était-ce pas leur imposer une sensation pénible, et peut-on affliger ceux qui ont contribué à conquérir la liberté?

Il était quatre heures de l'après-midi quand les équipemens complets arrivèrent. On avait compté les heures, les minutes, et les mamans étaient aussi impatientes que les jeunes officiers de les voir revêtus des marques de leur dignité. Ces bonnes mères et leurs femmes de chambre s'empressaient d'aider au tailleur, et elles l'embarrassaient beaucoup, différant en cela de la mouche du coche, qui croyait faire, ne faisait rien, mais du moins ne gênait personne.

A chaque pièce dont se couvraient les enfans, les mamans s'écriaient : « Ah ! » que cela va bien! Qu'il est bien comme

» cela! » Les papas ne disaient rien; mais ils suivaient la toilette de l'œil, et un sourire de satisfaction leur échappait par intervalles.

Quand on eut tourné, retourné, embrassé vingt fois les petits dragons, on éprouva le désir d'étendre ses jouissances. On les avait vus et revus, et il fallait que d'autres les admirassent. Dans toute autre circonstance, on eût fait venir des voitures; ici, on voulut marcher, et on en avait de bonnes raisons. Les papas se possédèrent assez pour ne vouloir pas faire partie de cette espèce de procession.

En effet, dès que le petit cortége fut dans la rue, on entendit chucoter : « Tiens, ces officiers de dragons! ce sont » encore des enfans. — Bah! ce sont des » protégés du gouvernement qui vient » d'être renversé. — Sans doute. On pre- » nait des sous-lieutenans au berceau.— » Chut, chut, Antoine; tais-toi donc. Ce

» sont deux des enfans qui, pendant les
» trois grandes journées, se sont con-
» stamment battus à côté de ce brave
» colonel, qu'on vient de nommer géné-
» ral. — Oh! à la bonne heure; ceux-là
» sont dignes de commander. » Et on les
saluait respectueusement, et ils ren-
daient le salut, en portant, avec grâce,
la main à leur casque, et les mamans
jouissaient! elles jouissaient!

Le même triomphe les attendait dans toutes les maisons où elles présentèrent leurs enfans. On fait souvent aux mères des complimens, qui dégénèrent en lieux communs, et qui, par cette raison, ne signifient rien. On aime, on estime la valeur dans un homme fait; on l'admire dans un enfant, et partout les félicitations furent aussi sincères qu'elles étaient méritées.

Pendant que ces scènes se passaient, les papas s'occupaient de ce qu'ils devaient à la reconnaissance et aux procédés. Ils écrivirent au lieutenant-général du royaume, pour lui demander une audience. Elle leur fut accordée le lendemain.

Quand ils eurent exprimé leurs sentimens, avec la chaleur que donne la satisfaction, le prince leur répondit : « La
» liberté est conquise; il faut la conso-
» lider. J'ai besoin pour cela du con-
» cours d'hommes qui l'aiment vérita-
» blement. Je ne vous connais pas; mais
» la conduite de vos enfans prouve
» l'excellence des principes, dans les-
» quels vous les avez élevés. Allez les ré-
» pandre et les protéger dans les dépar-
» temens où le ministre de l'intérieur
» vous a placés à ma recommandation. »

Il était clair d'après cela qu'il fallait s'occuper, sans délai, des préparatifs du départ. Mesdames Du Perron et Henri avaient, pour leurs maris, l'affection la plus sincère, et c'était bien assez pour elles de se séparer de leurs enfans, qui allaient courir les garnisons. Il fut décidé qu'elles iraient l'une à Metz, l'autre à Besançon. Mais que de dispositions à faire avant que de monter en voiture! Les cartons à chapeaux seuls sont une affaire capitale.

Robert avait aussi son uniforme d'artilleur. Plus vain et plus réfléchi que ses deux camarades, il eut le bon esprit de ne s'en parer que pour aller présenter ses devoirs aux officiers-généraux de son corps qui étaient à Paris. Il savait qu'il était lui sous l'habit bourgeois comme sous l'uniforme, et il croyait qu'à quinze ans on ne doit plus faire l'enfant. Il recevait, de chacun de ses chefs, des éloges, auxquels il était infiniment sensible; mais l'empire qu'il avait déjà sur lui-même, ne permettait pas qu'on démêlât ce qui se passait dans son intérieur.

Ses jeunes camarades ne lui ressemblaient pas. Leur enchantement perçait à chaque pas, à chaque geste ; ils contaient leur histoire à qui ne la savait pas ; ils la répétaient à ceux qui la connaissaient. Faisaient-ils une partie de barres, ils déposaient, sur le gazon, le sabre et le casque ; les enfans, témoins de leur partie, regardaient ces petits trophées d'un œil d'admiration et d'envie, et rien n'échappait aux deux jeunes gens. On voit toujours bien, quand on est intéressé à bien voir.

Étaient-ils dans un cercle ? Les interrogeait-on ? Ils faisaient frissonner toutes les dames, en leur racontant ce qu'ils avaient vu, et surtout ce qu'ils avaient fait dans telle ou telle rue. Ils savaient jusqu'au nombre des coups de mousqueton qu'ils avaient tirés, et à combien d'ennemis ils avaient fait mordre la poussière. On les écoutait avec un intérêt, un charme !

Ils étaient si jeunes, si gentils, et ils avaient été si sérieusement exposés !

Le thé, les friandises, le punch arrivaient. Ils faisaient fête à tout, et surtout au punch : ils prétendaient que des dragons doivent boire, et ils disaient cela, en riant si franchement et de si bonne grâce, que leurs mamans ne pouvaient prendre sur elles de leur ôter le verre de la main.

L'ivresse continuelle dans laquelle ils tenaient leurs parens, les avait empêchés jusqu'alors de faire une réflexion bien simple. Ces deux enfans allaient partir pour Douai, où ils seraient livrés à eux-mêmes, et par conséquent à toute l'étourderie naturelle à leur âge. Cette idée se présenta enfin. « Parbleu, dit le gé-
» néral Robert, ils feront des dettes, je
» vous en réponds. On les tiendra en pri-
» son, jusqu'à ce que vous les ayez
» payées, et vous les payerez, parce que

» c'est l'usage. Le métier des enfans est
» de faire de sottises; celui des parens est
» de leur pardonner.

» Cependant il serait bon de les recom-
» mander à un officier raisonnable de leur
» régiment. Il faudra qu'il prenne d'abord
» sur eux un ascendant tel, qu'ils ne puis-
» sent s'y soustraire plus tard. Je vais
» consulter mon état militaire de France. »

Il rentra un moment après. « Bonne
» nouvelle! J'ai trouvé, dans ce régi-
» ment, un capitaine, qui était hussard,
» quand j'étais simple soldat. Ce n'est pas
» un beau parleur; mais il est brave
» comme son sabre, et ferme comme un
» roc. Il commencera par raisonner avec
» eux ; mais à la moindre fredaine, il les
» mettra aux arrêts aussi facilement
» qu'il sable un verre de champagne. Je
» leur donnerai une lettre pour lui. Il
» sera bien aise d'avoir des nouvelles de
» son vieux camarade. »

Cette affaire réglée, on se remit à parler politique, pendant que les dames donnaient à leurs gens des ordres pour l'arrangement des vaches et des malles. Tous les jours, les imaginations étaient frappées par des choses nouvelles, et du plus haut intérêt. La chambre des députés venait de terminer la nouvelle charte. Le lendemain, le lieutenant-général devait se rendre au sein de l'assemblée, y entendre la lecture du pacte qui allait lier le chef à la nation, en jurer l'observation et le maintien, et recevoir la couronne des mains des représentans du grand peuple.

On sent bien qu'il fut impossible d'empêcher nos jeunes dragons de voir cette auguste cérémonie. On ne put se procurer de billets d'entrée au corps législatif; mais comment ne pas se trouver sur le passage du roi-citoyen, du meilleur ami des Français ? Comment ne pas joindre ses acclamations à celles de la multitude? Tout ce que purent gagner les papas fut que ces Messieurs les accompagneraient, et ne les quitteraient pas.

On se plaça en face du Palais-Royal. Il était constant qu'on verrait sortir le prince; mais la foule empêcha nos jeunes gens d'approcher d'aussi près qu'ils le désiraient. D'ailleurs, leur petite taille ne leur permettait pas de voir entre les têtes d'hommes faits. Ils se dépitaient, ils trépignaient. Cependant ils joignirent leurs applaudissemens à ceux de tous les bons Français; mais cela ne les satisfit pas. Ils résolurent d'attendre le roi à son retour, et ils montrèrent une patience qu'on a bien rarement à leur âge.

On réfléchit quand on en a le temps; ils pensèrent que leur uniforme leur vaudrait quelques prérogatives, et ils s'approchèrent des gardes nationaux, qui venaient de rompre leurs rangs et de mettre leurs armes en faisceaux. Leur histoire était publique; ils furent reconnus aussitôt, et on leur proposa, avec la plus grande amabilité, de se placer entre les files, quand elles se formeraient de nouveau. Ces Messieurs devinèrent les papas à l'air affectueux, à la tendre sollicitude avec laquelle ils regardaient les jeunes officiers, et ils durent encore à leurs enfans l'avantage de partager une distinction qu'on accordait très-difficilement.

Bientôt les tambours annoncèrent le retour du roi, en battant aux champs. Oh! combien ces enfans étaient heureux! leur œil animé plongeait sur la rue Saint-Thomas-du-Louvre, et aurait voulu percer les murs de l'édifice qui leur dérobait encore le monarque.

Il parut enfin. Les cris, les bravos de

deux voix clairettes percèrent au dessus des graves acclamations des autres spectateurs. Le roi les remarqua, les reconnut, et leur présenta la main. Avec quels transports ils la pressèrent, ils la baisèrent la main de l'homme précieux qui venait de jurer la liberté et le bonheur de la France! Ils rentrèrent chez eux, enchantés, enroués, fatigués.

La garde nationale s'organisait rapidement, et une revue magnifique devait avoir lieu le dimanche suivant. Nos dragons ne pouvaient se dispenser d'assister à cette solennité. Ils n'avaient pas oublié la peine qu'ils avaient eue à approcher le roi, le jour où il fut proclamé. D'ailleurs, il y a une garde nationale à cheval, et il eût été très-inconvenant que des officiers de dragons se présentassent là à pied. Quel plaisir de parcourir le champ de Mars au galop, et d'approcher le roi à chaque instant de cette solennelle journée !

Les papas étaient partis pour leurs départemens ; ainsi ils ne pouvaient réfléchir sur le vœu de leurs enfans. Robert n'était plus là pour faire ses observations, ses représentations, ses recommandations. Il était à son régiment, où on l'avait reçu comme un protégé, et, huit jours après, on avait reconnu en lui un officier d'artillerie d'un mérite distingué. Le général Robert était de service auprès du roi, et n'avait, par conséquent, aucune objection à présenter à ces jeunes Messieurs. Il ne restait que les mamans, qui comptaient partir la semaine suivante, et qui, certes, n'étaient pas disposées à refuser à leurs enfans la dernière grâce qu'ils leur demandaient. Et puis, elles trouvaient tout simple que des dragons montassent à cheval.

En conséquence, Champagne reçut

l'ordre d'aller chez tous les loueurs de chevaux, et d'en arrêter deux des plus beaux et des plus richement harnachés.

Le grand jour parut enfin. Ces dames montèrent dans leur calèche, et partirent, précédées des deux héros qui, après quelque temps de trot, jugèrent à propos de prendre le pas. Leurs mamans les regardaient marcher avec un plaisir inexprimable. Elles prenaient pour des marques d'admiration, certains sourires qui échappaient à quelques connaisseurs, qui passaient de temps en temps. Elles ne s'apercevaient pas que nos héros avaient le ventre en avant, qu'ils s'attachaient à la selle avec les genoux, et qu'ils avaient les pieds en dehors. Fort heureusement, ils n'avaient pas pensé à prendre des éperons.

On arrive à la grille du champ de

Mars. Ces dames se hâtent de se placer sur un amphithéâtre, pour voir briller leurs enfans. Les jeunes gens entrent dans l'enceinte. Leur uniforme, leur jolie figure étaient connus de tout Paris. On les regardait avec un vif intérêt; mais les connaisseurs ne pouvaient s'empêcher de rire, en les voyant placés à cheval, comme ces marchands de cerises, qui parcourent les campagnes.

Pendant que les légions des gardes nationales se formaient, des aides-de-camp, de jeunes officiers, des gardes nationaux à cheval caracolaient au milieu de l'enceinte. Les chevaux, long-temps contenus, de Henri et d'Edmond s'égayèrent à leur tour, et prirent le galop. Les mains inhabiles de leurs cavaliers ne purent les arrêter. Ils sont tantôt sur la croupe, tantôt sur le cou de leurs coursiers ; un casque tombe à droite, l'autre à gauche. Ils abandonnent la bride et s'accrochent des deux mains à la crinière. Les deux chevaux, fatigués d'un exercice auquel ils ne sont pas faits, ruent en même temps, et jettent leurs tristes écuyers sur le sable.

Les mamans, qui ne les perdaient pas de vue, jettent un grand cri, descendent précipitamment de leur amphithéâtre, et sont arrêtées par des factionnaires, qui ne permettent pas qu'on pénètre dans les lignes. Leurs enfans étaient déjà relevés.

Au moment de leur chute, ces jeunes gens, qui piaffaient dans l'enceinte, s'étaient arrêtés, et leur avaient offert des secours, dont, fort heureusement, ils n'avaient pas besoin. Leur plus grand mal était dans la honte d'une disgrâce subie aux yeux de tout Paris. Un de ceux qui les avaient remis sur leurs jambes, leur dit avec beaucoup de raison : « Mes braves enfans, un officier de dra-

» gons doit passer par le manége, avant
» que d'aller galopper en plaine. »

On les ramena à la grille, confus, désespérés de ce qui venait de leur arriver. Ils montèrent dans la calèche avec leurs mères, aussi humiliées qu'eux. Champagne attacha les deux chevaux derrière la voiture, et reconduisit son monde à la rue de Tournon.

Nos jeunes gens s'empressèrent de quitter une ville, témoin d'une scène qu'ils croyaient être la plus terrible qui pût leur arriver. Ils joignirent leur garnison, munis d'une lettre pour l'ami du général Robert. Ils trouvèrent en lui un second père, mais beaucoup moins indulgent que le premier.

se gardèrent bien de lui parler de ce qui s'était passé au champ de Mars. Leur premier soin, après les complimens d'usage, fut de lui demander le chemin du manége, et le vieux capitaine augura bien de cet empressement, dont il était loin de pénétrer la cause.

Les mamans rejoignirent leurs maris. Une correspondance très-active s'établit entre eux et leurs enfans. Ceux-ci ne firent pas trop de folies, grâce à la fermeté inébranlable du mentor qu'on leur avait donné.

Robert continua à être le modèle des jeunes gens. Son orgueil eut, au moins, cela de bon, qu'il le tourna toujours vers des objets utiles aux autres et à lui.

Mes jeunes lecteurs, je prends congé de vous, en vous donnant un dernier conseil : SOUVENEZ-VOUS, A TOUTES LES ÉPOQUES DE VOTRE VIE, QU'IL Y A TOUJOURS DU RIDICULE ET QUELQUEFOIS DU DANGER A VOULOIR FAIRE EN PUBLIC CE QU'ON NE SAIT PAS. Edmond et Henri l'ont appris trop tard.

FIN.

www.ingramcontent.com/pod-product-compliance
Lightning Source LLC
Chambersburg PA
CBHW051901160426
43198CB00012B/1706